Jürg Meier

ESSAYS FÜR CHRISTEN

Jürg Meier

ESSAYS FÜR CHRISTEN

Bekehrung – einmaliger, radikaler Akt oder lebenslange, wiederkehrende Verpflichtung?

ICH BIN – Die sieben Provokationen Jesu und ihre Bedeutung für den Christen heute

Impressum

Meier, Jürg
Essays für Christen
– 1. Aufl. – 2010
Herstellung und Verlag:
Books on Demand GmbH, Norderstedt (www.bod.de)
ISBN: 978-3-8423-4481-5

Umschlagbild: Gino Santa Maria © fotolia.com

Zum Geleit

Provokation bezeichnet das gezielte Hervorrufen eines erwünschten Verhaltens oder einer Reaktion bei anderen Personen.

Jürg Meier verfolgt mit seiner Schrift die Absicht, das erwünschte Verhalten, nämlich die Hinwendung zu Jesus Christus, bei seinen Lesern zu provozieren. Dabei legt er es in beiden Beiträgen nicht darauf an, das dem Menschen mögliche logische Denkvermögen anzuregen. Als könne man, wenn man nur lange genug darüber nachdenke, zu dem logischen Schluss kommen, dass Jesus Gott ist. Im Gegenteil! Er stellt Glaube und Bekehrung als etwas dar, was über die menschliche Vorstellungskraft hinausgeht. Als etwas, das sich unserem Begreifen entzieht und auf die Hilfe (Offenbarung!) Gottes angewiesen ist.

Deshalb ist nach Meier keine Religion mit dem christlichen Glauben vergleichbar. Und auch die jüdische, obwohl sie der Wurzelboden des Christentums ist, kommt nicht heran an das glasklare Bekenntnis, das hinter den Ich-Bin Worten steht: Gott ist in Jesus von Nazareth ganz Mensch und ganz Gott.

Jürg Meier

Faszinierend schön, ja geradezu erbaulich, ist der jeweilige „heilsgeschichtliche Ansatz" und die Frage: „Was bedeutet das heute?"

Die kleine Schrift, aus intensivem Bibelstudium heraus entstanden, will meines Erachtens nichts anderes, als Glauben wecken. Nicht aufgrund von Argumenten, sondern einer Offenbarung. Einer Offenbarung, die höher ist als menschliche Vernunft und doch von jedem Kind begriffen werden kann. Eine echte Einladung zum Glauben an Herz und Verstand.

In diesem Sinne wünsche ich den beiden Aufsätzen eine große Leserschar.

Helmut Hanser M.A.

Studienleiter BFU
Theologische Fernschule Worms

Mein Entschluss zu einem fundierten theologischen Bibelstudium reifte vor etwa fünf Jahren. Seit 1974 bin ich ehrenamtlicher Seelsorger in der Neuapostolischen Kirche. Es ist dies eine Kirche, in der der grösste Teil der Aufgaben durch Laien wahrgenommen wird. Wie liess sich mein Vorhaben neben einer anspruchsvollen beruflichen Tätigkeit und einer zeitintensiven kirchlichen Freizeitbeschäftigung umsetzen? Über das Internet kam ich auf die „Theologische Fernschule BFU" und absolvierte mit zunehmender Begeisterung im Rahmen dieses theologischen Bibelstudiums zunächst das „Einjährige" und bewege mich nun 2. Jahr dieses Bibelstudiums.

Die Lernenden haben auch die Aufgabe, schriftliche Arbeiten zu verfassen. Ist der Aufwand gemacht und die Sache benotet, pflegen solche Arbeiten leider oft – wenn überhaupt – in Schubladen zu verstauben und in Vergessenheit zu geraten. Dieses Schicksal, so dachte ich, soll meinen Arbeiten nicht wiederfahren. Deshalb liegen diese zwei Essays[1] heute vor Ihnen. Jesus Christus sprach oft vom „Reich Gottes" und sagte auch *„das Reich Gottes ist inwendig in euch"* (Lk 17, 21).

Ich bin überzeugt: „Bekehrung" und der persönliche Umgang mit den „ICH BIN"-Worten Christi tragen

---

[1] Ein Essay ist eine geistreiche Abhandlung, in der wissenschaftliche, kulturelle oder gesellschaftliche Phänomene betrachtet werden. Im Mittelpunkt steht die persönliche Auseinandersetzung des Autors mit seinem jeweiligen Thema.

entscheidend dazu bei, dass *„das Reich Gottes"* bzw. *„der Tempel Gottes"* (vgl. 1. Korinther 3, 16.17) in uns gestaltet wird und der *„Bau, der in uns von Gott erbaut ist, wenn unsere irdische Hütte zerbricht"* (2 Kor 5, 1) zum Vorschein treten kann. Damit handeln die beiden Aufsätze von Themen, die jenseits von konfessioneller Zugehörigkeit für jeden Christen bedeutsam sind, der die *Aus*-sicht auf das Wiederkommen Christi im Herzen trägt und zum Massstab seines Handelns macht. Es freut mich, wenn Sie, liebe Leserin, lieber Leser die eine oder andere *Ein*-sicht gewinnen.

Zu Weihnachten 2010,   Jürg Meier

Bekehrung – einmaliger, radikaler Akt oder lebenslange, wiederkehrende Verpflichtung?

Bekehrung kann sehr knapp definiert werden[2]:

„Die Bekehrung ist die radikale, einmalige Umkehr des Menschen zu Gott als Antwort auf seinen Ruf."

Ferner wird festgehalten:

„Bekehrung ist der einzige Weg, Vergebung der Sünden zu bekommen und dem Gericht Gottes zu entrinnen".

Etwas konkreter wird mit Bekehrung noch *„eine vertrauensvolle Hinkehr zu Gott"*, *„eine reuevolle Umkehr [Abkehr von der Sünde]"* und *„eine Sinnesänderung"* bezeichnet.

Bekehrung ist die menschliche Seite der Errettung. Dem, was der Mensch tun muss, um errettet zu werden steht Gottes Beitrag – die Wiedergeburt – gegenüber[3].

---

[2] Röseler M., Bibelgrundkurs, BFU Bibelfernunterricht e.V.1989, S. 11

[3] Ebd., S. 12

Der Gedanke einer „*radikalen, einmaligen Umkehr des Menschen zu Gott als Antwort auf seinen Ruf*" ist faszinierend. Allerdings stellen sich Fragen:

❖ Erlebt jeder Christ seine Bekehrung im Sinne einer radikalen, einmaligen Umkehr? Ist Bekehrung ein einmaliger, radikaler Akt?

❖ Liegt in der Bekehrung nicht auch eine tägliche, wiederkehrende Verpflichtung? Muss sich der Christ nicht immer wieder neu bekehren?

❖ Wie wird Bekehrung von verschiedenen christlichen Denkern verstanden? Gibt es Unterschiede?

Die Arbeit setzt sich zum Ziel, solche Fragen zu beantworten. Sie versucht schliesslich, Bekehrung als ganzheitlichen, praxisorientierten Ansatz zu definieren. Zusammen mit Gottes Beitrag in der Wiedergeburt leistet die Bekehrung den wesentlichen Beitrag des gläubigen Christen auf dem Weg zur ewigen Gemeinschaft mit Gott, wie er vom Apostel Johannes beschrieben ist: „*Meine Lieben, wir sind schon Gottes Kinder; es ist aber noch nicht offenbar geworden, was wir sein werden. Wir wissen aber: wenn es offenbar wird, werden wir ihm gleich sein; denn wir werden ihn sehen, wie er ist. (1. Johannes, 3.2).*

Anmerkung:

Bekehrung wird hier bewusst losgelöst von Fragen der Kirchenzugehörigkeit betrachtet. Sie ist insofern unabhängig von der Konfession, als es sich um eine dem Christen innewohnende Geisteshaltung handeln muss. Dass „Hinkehr zu Gott" je nach Kirchenzugehörigkeit konkret Unterschiedliches bedeuten kann, steht ausser Frage. Ebenso steht hier nicht zur Diskussion, dass verschiedene Konfessionen darüber, wie die Wiedergeburt als der Beitrag Gottes zur Errettung zustande kommt, sehr unterschiedlicher Meinung sind.

Alle Bibelzitate sind jeweils der Lutherbibel 1984, Deutsche Bibelgesellschaft, entnommen.

BEKEHRUNG – UNSER BEITRAG ZUR ERLÖSUNG

> *Das sei alle meine Tage meine Sorge, meine Frage, ob der Herr in mir regiert, ob ich in der Liebe bleibe, ob sein Heil'ger Geist mich treibe, ob ich folge, wie er führt.*
>
> *(K.J.P. Spitta, 1801-1859)*

Bekehrung – was ist das?

Büchner[4] definiert „bekehren" bereits 1740 wie folgt:

---

[4] Büchner G., Biblische Real- und Verbal- Handkonkordanz, Ferdinand Riehm 1904, S. 145.

„*§1. Nach den Grundsprachen zeigt es eine räumliche Bewegung an, wo ein Mensch von einem Ort zum anderen wieder umkehrt.* **Figürlich ist es** *eine treffende Bezeichnung der totalen Herzensveränderung im Menschen, wo der Wille eine ganz entgegengesetzte Richtung nimmt, von der Sünde sich ab- und zu Gott hinwendet; zum Unterschied von einer bloss äusserlichen, mangelhaften Sittenänderung. Es gehört dazu im Einzelnen: aus dem Gesetz Gottes die angeborene Blindheit und innerliche Bosheit, und die daher verdiente Strafe,* **erkennen***; darüber herzliche* **Reue und Leid haben;** *durchs Evangelium sich* **wieder aufrichten,** *und sich der Gnade Gottes, und Vergebung der Sünden in Christo verheissen, trösten, daneben sein Leben ernstlich bessern, und rechtschaffene* **Früchte bringen.** "

Unter „Bekehrung" finden wir[5]:

„**§3.** *Es ist zwar die Bekehrung schwer ... doch möglich. S. Bekehren, §2. Die Mittel sind kräftig genug, denn sie geschieht durch das Wort Gottes... und zwar* **I) durch das Gesetz,** *...* **II) durch das trostvolle Evangelium...** **III) durch Kreuz und Trübsal...** "
(Originaltext, siehe Bild 1, Seite 6)

Busse und Bekehrung können nicht von einander losgelöst betrachtet werden, steht doch im Hebräischen und im Aramäischen derselbe Ausdruck

---

[5] Büchner, G., a.a.O.,, S. 146.

„**schub**" bzw. „**thub**" für »sich bekehren« wie für »Busse tun«.6

Dabei geht es von der Wortbedeutung her um „wiederkehren, zurückkehren zur anfänglichen Gottesnähe"[7].

Das Wort „**schub**" soll drei Vorgänge einer Umkehr bedeuten[8]:

1. Zunächst geht es um eine an einem bestimmten Punkt vollzogene Wendung. Eine bislang eingehaltene Richtung wird verlassen und die umgekehrte Richtung wird eingeschlagen. Es geht also um eine eigentliche »Kehrtwendung«.

2. „**schub**" beschreibt ferner die Bewegung vom Ort der Wendung zurück zum Ursprung, wird also auch im Sinn von »zurückgehen« verwendet.

3. Schliesslich bezeichnet „**schub**" auch die Ankunft am Ziel des Rückweges und kann dann mit »zurückkommen« bzw. »heimkommen« übersetzt werden.

Bereits vom Wortsinn her bedeutet Bekehrung also einen dreistufigen Prozess, der mit einer Kehrtwendung beginnend, sich auf den Ausgangspunkt zurückrichtet, um schliesslich wieder am Ausgangspunkt anzulangen.

---

[6] Hauss F., Biblische Begriffe – Stichwortkonkordanz, Hänssler 1999, S. 25

[7] Luther R., Neutestamentliches Wörterbuch, Ernst Franz 1998, S. 21

[8] Blocher G., Gottes Lachen im Leichenzug der »Kirche«, Meier 1998, S. 137

Bild macht diese Zusammenhänge deutlich:

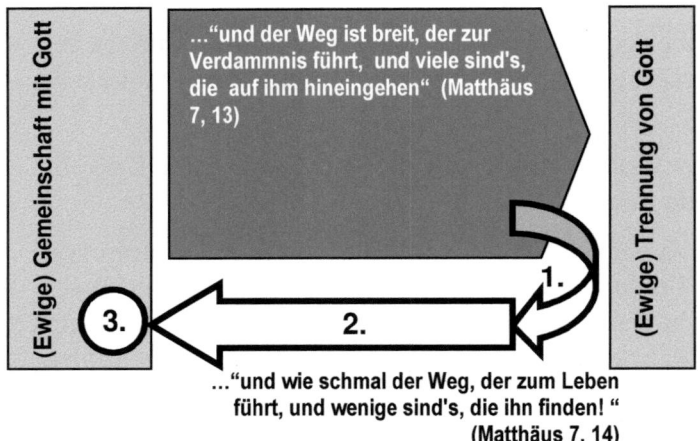

...„und der Weg ist breit, der zur Verdammnis führt, und viele sind's, die auf ihm hineingehen" (Matthäus 7, 13)

(Ewige) Gemeinschaft mit Gott

(Ewige) Trennung von Gott

3. 2. 1.

...„und wie schmal der Weg, der zum Leben führt, und wenige sind's, die ihn finden! " (Matthäus 7, 14)

Bild 2 Die drei Bedeutungen, die dem Wort Bekehrung innewohnen: 1. Umkehr, 2. Heimweg, 3. Daheim

Können »sich bekehren« und »Busse tun« synonym verwendet werden, oder unterscheiden sich diese beiden deutschen Begriffe? Dazu findet sich folgende Stellungnahme:

„Der Unterschied zwischen Busse und Bekehrung, sofern von einem solchen zu sprechen ist, ist der: Busse bedeutet in erster Linie die Tat der Abkehr von den gottfernen Zuständen im eigenen und öffentlichen Leben. Bekehrung bedeutet ausgesprochen die Tat der Zuwendung zu dem neuen göttlichen Lebensbereich. Abwendung und Zuwendung zusammen ergeben dann die Rückkehr. Zur Busse wird aufgerufen, wenn das Reich Gottes genaht oder im

Anbrechen ist, - zur Bekehrung, wenn es schon hereingebrochen ist. Busse ist mehr Vorbereitung, Arbeit des Umdenkens; Bekehrung ist mehr der Vollzug, Akt des Ergreifens. Busse ist das sich durchringen zum Glauben; Bekehrung ist der erste Schritt des Glaubens. Doch sind diese Unterschiede nicht auf die Spitze zu treiben. – Manchmal wird ausdrücklich zu Busse und Bekehrung (Abkehr und Zukehr) gleichzeitig aufgerufen: »So tut nun Busse und bekehrt euch, dass eure Sünden getilgt werden« (Apostelgeschichte 3, 19; vgl. 26, 20). Es ist kein Zufall, dass in den Evangelien mehr von Busse, in der Apostelgeschichte mehr von Bekehrung die Rede ist. Zeigen doch die Evangelien mehr die nahende Gottesherrschaft, die Apostelgeschichte mehr die teilweise schon hereingebrochene.[9]

Auch Büchner sieht einen engen Zusammenhang zwischen Busse und Bekehrung. Zu Busse führt er unter anderem aus[10]:

„§ 3. In heil. Schrift wird es genommen a) im allgemeinen weiteren Sinne, für das ganze Werk der Bekehrung eines Sünders zu Gott; also dass es die Erkenntnis und Bekenntnis der Sünde, die herzliche Bereuung derselben, und den Glauben an den Heiland in sich begreift… b) im besondern, engern Sinne, für die bussfertige Reue und Bekümmernis der

---

[9] Luther R., a.a.O., S. 22
[10] Büchner G., a.a.O., S. 215

Seelen über die begangenen Sünden... und an den Orten, wo das Wort Gottes dabei steht."

Busse war ein zentrales Thema in der Lehre Jesu und bei den Aposteln der Urkirche:

„Seit der Zeit fing Jesus an zu predigen: Tut Busse, denn das Himmelreich ist nahe herbeigekommen!" (Matthäus 4, 17)

„Und sie zogen aus und predigten, man solle Busse tun" (Markus 6, 12)

„Ich bin gekommen, die Sünder zur Busse zu rufen und nicht die Gerechten" (Lukas 5, 32)

„So tut nun Busse und bekehrt euch, dass eure Sünden getilgt werden" (Apg. 3, 19)

Busse und Bekehrung sind also eng miteinander verbunden und gehören zusammen.

Will man die beiden Begriffe unterscheiden, so könnte dies in folgender Form geschehen:

❖ Busse meint den geistigen Akt der Umkehr, also die Änderung der Gesinnung, der Einstellung eines Menschen aus der Erkenntnis heraus, dass er als sündhafter Mensch die „breite Strasse" (vgl. Matthäus 7, 13) verlassen und zum Nachfolger von Jesus Christus werden muss, wenn er errettet werden will.

❖ Bekehrung ist die sichtbare Änderung im Wandel eines Menschen, die der Gesinnungsänderung folgt und ihn auf den „schmalen Weg" (vgl. Matthäus 7, 14), den Rück- oder Heimweg zu Gott führt und diesen Weg auch gehen lässt.

Wenn also im oben genannten Sinne eine ganzheitliche Entscheidung gemeint ist, die weder eine bloss äusserliche Verhaltensänderung noch ein rein innerlicher Gesinnungswandel ist, dürfen die Begriffe »Busse« und »Bekehrung« durchaus auch synonym verwendet werden.

Der Busse und Bekehrung gehen voraus:

1. Das Bewusstwerden, dass man auf einem verkehrten Weg ist

2. Das Erkennen der Notwendigkeit zur Umkehr

3. Das Erkennen des richtigen Weges der Wahrheit im Sinne Jesu: *„Ich bin der Weg und die Wahrheit und das Leben; niemand kommt zum Vater denn durch mich"* (Joh 14, 6)

Der Weg der Wahrheit ist die bedingungslose Hinwendung zu Gott.

Auf den Punkt gebracht:

Bekehrung ist bedingungslose Hinwendung zu Gott und Ausrichtung auf Gott.

Bekehrung – Unterschiedliche Vorstellungen in der Geschichte

Bekehrung im Alten Testament[11]

Das Alte Testament beschreibt Bekehrung als Abkehr vom Bösen (Jeremia 18, 8) und Hinwendung zu Gott (Maleachi 3, 7). Manche Menschen sind vom Bösen so durchdrungen (Hosea 5, 4), dass sie sich der Bekehrung widersetzen (2. Chronik, 36, 13). Gott gibt den Anstoss zur Bekehrung (Jeremia 31, 18; Klagelieder 5, 21), der Mensch empfängt Bekehrung (Jeremia 24, 7). Propheten hatten den Auftrag, das Volk zur Bekehrung zu bringen (Nehemia 9, 26; Sacharja 1, 4). Wer sich nicht bekehrt, den trifft der Zorn Gottes. Als Strafen sind erwähnt: Dürre, Krankheit (Amos 4, 6-12), Gefangenschaft (Hosea 11, 5), Zerstörung (1. Könige 9, 6-9) und Tod (Hesekiel 33, 9.11). Wer sich aber bekehrt, der empfängt von Gott Vergebung (Jesaja 55, 7), Freiheit von Strafe (Jona 3, 9), Fruchtbarkeit und Gedeihen (Hosea 14, 4-8) und Leben (Hesekiel 33, 14-16).

Während in den Geschichtsbüchern die Bekehrung des ganzen Volkes Israels gefordert wird, heben vor allem die Propheten Jeremia und Hesekiel die Bekehrung des einzelnen Menschen hervor.

---

[11] Coenen, L. (Hrsg): Theologisches Begriffslexikon zum NT, Brockhaus 1993, S. 230-239

Bekehrung im Neuen Testament[12]

Im Gegensatz zum Alten Testament legt das Neue Testament vor allem Wert auf Bekehrung im Sinne eines Gesinnungswandels bzw. einer Änderung der Einstellung. Geänderte Einstellung zeigt sich auch in sichtbarer Verhaltensänderung.

Die stärkste Kontinuität zum prophetischen Ruf zur Busse findet man bei Johannes dem Täufer. Er ruft das Volk zur Umkehr auf und verlangt *„rechtschaffene Frucht der Busse"* (Matthäus 3, 8).

Auch Jesus Christus verlangt Umkehr (Matthäus 4, 17). Im Leben Jesu ist allerdings die Herrschaft Gottes herbeigekommen. Busse tun wird mit dem Glauben an das Evangelium verknüpft (Markus 1, 15). Im Neuen Testament wandelt sich der Bussruf deshalb in eine Freudenbotschaft. Gott hat sich in Jesus Christus direkt als Mensch zum Menschen gewendet. Der Mensch darf, soll und kann sich nun direkt zu Gott wenden. Umkehr, Busse wird zu einer freudigen Angelegenheit, weil sie für den Umkehrenden die Eröffnung des Lebens ist. Die Gleichnisse vom verlorenen Schaf (Lukas 15, 1-7), vom verlorenen Groschen (Lukas 15, 8-10) und vom verlorenen Sohn (Lukas 15, 11-32) zeigen, wie Gott sich über Sünder, die umkehren, freut und die Menschen in ihrer Umgebung auffordert, sich mitzufreuen.

---

[12] Ebd., S. 234-235

Die urchristlichen (Missions-)Predigten enthalten alle Elemente zur Umkehr: den Ruf zum Glauben (Apg. 19, 4; 20, 21; 26, 18), die Aufforderung zur Taufe (Apg. 2, 38), die Verheissung der Sündenvergebung (Apg. 2, 38; 3, 19; 5, 31), des Lebens (Apg. 11, 18) und des Heils (Epheser 6, 17).

Es ist auffallend, dass die Begriffe Busse und Bekehrung bei Paulus und Johannes kaum bzw. gar nicht vorkommen. Dies deshalb, weil für Paulus und Johannes die »Bekehrung« mit dem »Glauben« gegeben ist. *„Paulus spricht vom Glauben als vom »Sein in Christus«, vom »Sterben und Auferstehen des Menschen mit Christus«, von der »neuen Schöpfung«, vom »Anziehen des neuen Menschen«. In der joh. Theologie wird die Hinwendung zu einem neuen Leben in Christus mit Ausdrücken wie »zu mir kommen« und »mich aufnehmen« umschrieben.*"[13]

Den Gedanken, dass Glaube und Bekehrung ursächlich zusammenhängen, findet man auch bei Ratzinger: *„Der Glaube hat seinen Sitz im Akt der Bekehrung, der Wende des Seins, das sich von der Anbetung des Sichtbaren und Machbaren herumwendet zum Vertrauen auf den Unsichtbaren*"[14]

---

[13] Coenen L., a.a.O., S. 236
[14] Ratzinger J., Einführung in das Christentum, Kösel 2005, S. 79

Bekehrung in der alten Kirche[15]

Johannes der Täufer, Jesus und die Apostel predigten zunächst nur den Juden. Sie riefen zur Busse, zur Änderung des unguten Lebenswandels und zur Bekehrung im Sinne einer Hinwendung zu Gott auf. Erste nichtjüdische Konvertiten waren der Kämmerer von Äthiopien (Apg. 8, 27-39) und der römische Hauptmann Cornelius (Apg. 10, 1ff). Beide wurden – ohne weitere Vorschriften des jüdischen Gesetzes einhalten zu müssen – getauft und dem Volk Gottes hinzugetan. Die Bekehrung zum neuen Bundesvolk, bei der Bussfertigkeit und Hinwendung zu Gott vorausgesetzt wurde, wurde durch „das Bad der Wiedergeburt" (Titus 3, 5) – die Taufe mit Wasser und dem Heiligen Geist – besiegelt.

Die nachapostolische frühchristliche Kirche berichtet nur wenig von Bekehrungen einzelner Menschen. Erst im 3. Jahrhundert n.Chr. entfaltete sich die Kirche durch eine grosse Zahl von Einzelbekehrungen.

Mit der konstantinischen Wende kam es im 4. Jahrhundert n.Chr. zu einer Verbindung von Taufe und römischen Bürgerrechten. Das löste völlig veräusserlichte Massenbekehrungen aus.[16] 380 n.Chr. wurde der christliche Glaube von Theodosius zur

---

[15] Frend W.H.C. u.a. (Hrsg.), Theologische Realenzyklopädie 5, Walter de Gruyter 1980, S. 439-459

[16] Sierszyn A., 2000 Jahre Kirchengeschichte, Band 1, Hänssler 2005, S. 220

Staatsreligion erklärt.[17] Bekehrung wurde mehr und mehr zu einem Akt der Anpassung und bedurfte nicht mehr einer ernsthaften persönlichen Entscheidung des einzelnen Menschen. Der geistliche und moralische Zustand der Kirche sank ab. Um diesem Trend zu begegnen, flohen gläubige Menschen in die Einsamkeit und schlossen sich in der Abgeschiedenheit zusammen: Mönchstum und Klosterwesen waren geboren.[18]

Die Jahre von 900-1050 nennt man das Zeitalter der Massenbekehrungen. Normannen im westfränkischen Reich und in England, Skandinavien, Böhmen, Ungarn, Polen, sowie die heutige Ukraine wurden christianisiert. Es handelte sich um eigentliche Herrscherbekehrungen. Waren die Herrscher getauft, folgten der Adel und schliesslich die Masse der Bevölkerung. Obwohl unter »Kreuzzügen« im engeren Sinn nur die   Orientkreuzzüge mit dem Ziel, Israel von den Heiden zu befreien, gemeint sind, gab es im 11. Jahrhundert auch eigentliche Kreuzzüge in Europa zur Bekehrung der Heiden. Dass solche Zwangsbekehrungen den biblischen Gedanken der Bekehrung pervertierten, sei hier nicht weiter vertieft.

---

[17] Ebd., S. 229
[18] Ebd., S. 236-260

Bekehrung von der Reformation bis heute[19]

Nach dem theologischen Urheber der Reformation, Martin Luther (1483-1546), stellt die Bekehrung nicht eine einmalige Wende im Leben des Einzelnen dar. Der Christ führt einen täglichen Kampf mit sich selbst. Busse und Bekehrung müssen als Abkehr von der Sünde und als Hinkehr zu Gott immer neu vollzogen werden. Bei der Bekehrung handelt es sich nach Luther um einen lebenslangen Prozess, der mit der Taufe als erstem Akt beginnt und sich fortwährend in Busse und Bekehrung wiederholt.

Philipp Melanchthon (1497-1560) erweiterte mit dem Ausdruck poenitentia den Begriff der Bekehrung insofern, als er neben Reue und Glauben neu auch den Gehorsam des Christen als dritten Aspekt der Bekehrung einführte.

Laut Johannes Calvin (1509-1564) bedeutet Bekehrung die Umkehr zum Gehorsam gegenüber Gott als Folge des Glaubens. Calvin trennt Bekehrung und Glauben nicht direkt, sieht aber Bekehrung als konkreten Ausdruck des Glaubens in der Tat. Das äussert sich einerseits in der Abkehr vom bisherigen bösen Leben (mortificatio) und in der fortschreitenden Erneuerung durch den Heiligen Geist (vivificatio).

---

[19] Frend W.H.C. u.a., a.a.O., S. 439-469

Die Zeit von 1580 bis 1730 wird altprotestantische Orthodoxie genannt. Unter den Reformatoren gab es zahlreiche Streitpunkte. Es ging auch um die Frage, inwiefern der Mensch im Zusammenhang mit der Bekehrung über seinen freien Willen verfügen kann. Mit der „Konkordienformel" hat man dann 1577 unter anderem versucht, den Streit um das Zusammenwirken von Gott und Mensch im Vorgang der Bekehrung beizulegen. Letztlich geht es hierbei um die Frage göttlicher Gnade und Erwählung und letztlich auch darum, ob der Mensch sich persönlich für oder gegen Bekehrung entscheiden kann.

Im Pietismus, der seine Wurzeln im 17. und 18. Jahrhundert hat, wird Bekehrung als einmaliges, von der Taufe abgesetztes Ereignis verstanden. Wichtig für diesen einmaligen Akt ist auch der Zeitpunkt, über den genaue Angaben gemacht werden können. Hier wird der festgesetzte Zeitpunkt der Bekehrung mit der lebenslangen täglichen Busse in Verbindung gebracht. Der Christ befindet sich in einem eigentlichen „Busskampf". Christsein wird mit dem Zeitpunkt der Bekehrung als einmaliger Lebenswende identifiziert.

Das 19. Jahrhundert brachte die Erweckungsbewegung, den Auferweckungsglauben. Göttlicher und menschlicher Beitrag zur Bekehrung werden elegant unter einen Hut gebracht: „Der Mensch bekehrt sich selbst, indem er durch Gott bekehrt wird". Der göttliche Beitrag ist die Heilswirkung, der menschliche Beitrag die Heilsaneignung.

In der von Karl Barth (1886-1968) begründeten „dialektischen Theologie" wurde eine Unüberwindbarkeit der Grenze zwischen Gott und Mensch betont: Gott ist Gott, der Mensch ist Mensch. Als solcher hat der Mensch keine Möglichkeit, Gott als den "ganz Anderen" zu erkennen. Bezüglich der Bekehrung spricht Barth von „der Erweckung des Menschen zur Umkehr". Damit wird die Bekehrung als Tun Gottes am Menschen gesehen.

Bekehrung und Prädestination

Inwiefern ist nun Bekehrung überhaupt unserer freien Willensentscheidung unterworfen? Bekehrung und damit Glauben entscheiden über das ewige Heil oder die ewige Verdammnis, über ewige Gemeinschaft mit Gott oder ewige Trennung von Gott. Inwieweit sind die Bekehrung und der Glauben vorbestimmt durch den persönlichen, unerforschlichen Ratschluss Gottes? Nach der religiösen Glaubensvorstellung der „Prädestination" wird das Schicksal eines Menschen im Bezug zum Heil allein von Gott bestimmt. Dies aber bringt ein fundamentales Problem zutage, wie es im nachstehenden Essay „Gottes

Allwissenheit" angesprochen und einer Lösung zu-
geführt wird:

*"Wenn Gott allwissend ist, dann weiss er alles, auch
was uns einmal wird, zeitlich und ewig. Er braucht
das Ergebnis nicht zu wollen, es genügt, dass er es
weiss. Wenn er es weiss, wenn er es heute schon
weiss, können wir dann überhaupt noch etwas tun,
um zur Seligkeit zu gelangen, wenn Gott von einigen
schon weiss – nicht will – dass wir verloren werden?*

*Unser freier Wille wird bedeutungslos, wenn Gottes
Wissen schon klar erkennt, dass wir wie Mäuse in
der Falle, noch nach einem Ausweg suchen, obschon
wir dem Verderben preisgegeben sind.*

*Es scheint unvereinbar. Hier mühen sich Tausende
um Gottes Wohlgefallen, um seinen Segen, um die
Erlösung. Dort ist Gott, durchschaut ihre Pläne,
wägt ihre Mühen, weiss um ihre Unzulänglichkeiten,
weiss vor allem um ihre Misserfolge. Können wir
unter diesen Umständen überhaupt etwas tun? Ist
nicht alles nutzlos, vergebens? Gott weiss, dass der
eine verloren sein wird, und er weiss, dass der andere einmal in der Herrlichkeit ist. Das weiss er, das
muss er wissen, wenn er allwissend ist. Was kannst
du nun noch tun?*

*Gott will wohl, dass allen Menschen geholfen werde,
aber er weiss, dass nicht allen geholfen wird. Gottes
Willen steht also gegen Gottes Wissen, wenn wir es
so ausdrücken wollen, und das würde Gott in einem*

Zwiespalt erscheinen lassen, der für ihn, das voll-kommene Wesen, unmöglich ist.

Also muss an unserer Frage und in allem bisher hierüber Geäusserten etwas falsch sein, denn wir können nichts aufstellen, was im Widerspruch zu Gottes Harmonie und Vollkommenheit stünde. Erscheint es uns dennoch so zu sein, dann haben wir Grund, den schwachen Punkt auf unserer Seite zu suchen.

Wir sagen „Allmacht". Wir nennen ihn „Allmächti-ger". Und dann beklagen wir uns, dass der Allmäch-tige dies nicht wendet und dem nicht steuert. Ja, sind nicht Tausende daran verzweifelt, weil der Allmäch-tige keine Macht zeigte, keine Gewalt ausübte? Wie viele haben gefragt und gerufen: „Wo ist der Gott, der hier eingreift, wo ist die Macht des Allmächti-gen?" Wir sagen Macht und meinen Gewalt, die in unserem Dienst und nach unserem Willen ausgeübt wird. Dieses sei uns hier ein Beispiel.

Wir sagen Allwissenheit und was meinen wir? Wir meinen, dass wir unsere menschlichen Worte, die mit menschlichem Sinngehalt erfüllt sind, auf ihn übertragen könnten. Unser Wissen ist das Ergebnis von Erfahrungen, von eigenen und von fremden Er-fahrungen. Es hat seine Stütze in der Vergangenheit. Was wir wissen, muss schon einmal geschehen sein. Gott ist von solcher Voraussetzung frei. Er ist Wesen und Mittelpunkt allen Lebens. Nichts ist, das nicht aus ihm hervorging und in ihm ist alles beschlossen.

Sein Wissen ist nicht nur Erfahrung, also Ergebnis der Vergangenheit. Dem Ewigen ist alles gegenwärtig. Tausend Jahre sind vor ihm wie ein Tag und jahrelanges Mühen ist ihm weniger als eine Sekunde. Der Ewige ist keiner Zeit unterworfen. Er schöpft sein Wissen nicht aus der Erfahrung und hat nicht nötig zu warten, bis Tag zu Tag und Jahr zu Jahr kommt. Sein Wort: „Es werde!" schuf im Augenblick Welten, von denen er wusste, wie sie sich manifestieren.

Unser Leben liegt vor ihm nicht als das „Nacheinander" unseres Erlebens, unserer Mühe, unserer Fehler, unserer Erfolge und Misserfolge. Er sieht uns ganz anders. Seine Allwissenheit ist so hoch über dem, was wir als Wissen bezeichnen, dass uns der Vergleichswert fehlt und der Satz falsch ist: „Wenn Gott schon weiss, was aus uns wird, dann können wir es weder zum Guten noch zum Schlechten wenden, in Gottes Wissen liegt ja schon das Ergebnis fest."

Der Satz ist deshalb falsch, weil er unser aus der Vergangenheit kommendes Wissen mit Gottes Wissen, in dem Vergangenheit, Gegenwart und Zukunft eins sind, vergleicht. Wir sind von heute, er ist ewig. Wir leben im Nacheinander und halten die Entwicklung für erheblich, wir wissen aber noch nicht, was morgen sein wird, und wir meinen deshalb, dass es für uns viele Möglichkeiten gäbe. Wir haben aber immer nur eine Möglichkeit, zu der wir „Ja" oder

„Nein" sagen können und es ist in unseren Willen gegeben, zu wählen. Gott weiss schon, wie wir wählen werden, und dieses Wissen hindert uns nicht, „Ja" und hindert uns nicht „Nein" zu sagen, denn sein Wissen ist in der Ewigkeit verankert und in ihm sind Vergangenheit, Gegenwart und Zukunft eins.

Dass dies unser Verstand nicht aufschliessen kann, damit müssen wir uns abfinden, denn Jesaja sagte schon: „Soviel der Himmel höher ist denn die Erde, so sind auch meine Wege höher denn eure Wege und meine Gedanken denn eure Gedanken" (Jes 55, 9). Wir können es nur im kindlichen Glauben und in der Demut erfühlen. Das Bewusstsein in Gottes Liebe geborgen zu sein, nimmt der Frage den Schrecken. Für uns ist es keine Frage mehr, denn uns gilt das Wort des Herrn: „Der Vater, der sie mir gegeben hat, ist grösser denn alles; und niemand kann sie aus meines Vaters Hand reissen!" (Joh 10, 24)." [20]

Auch C.S. Lewis hat zum Thema „Zeit und Ewigkeit" interessante Beispiele veröffentlicht: *„Wenn wir die Zeit als eine gerade Linie zeichnen wollen, auf der wir entlang reisen, dann müssen wir uns Gott als das ganze Blatt vorstellen, auf dem die Gerade gezogen wurde. Wir gelangen nacheinander zu den einzelnen Punkten der Linie. Wir müssen A hinter uns lassen, ehe wir zu B kommen, und können C nur erreichen, wenn wir B hinter uns lassen. Gott aber ist ausserhalb und oberhalb und rund um diese*

---

[20] Bischoff F., Einsichten und Erfahrungen, Bischoff 1981, S. 93-95

Linie; er ist überall und überschaut sie ganz. ...
nehmen wir an, Gott stehe ausserhalb und über der
Zeit. Dann ist für ihn das, was wir «morgen» nen-
nen, auf die gleiche Weise sichtbar wie das, was wir
«heute» nennen. Alle Tage sind für ihn «jetzt». Er
«erinnert» sich nicht an das, was wir gestern ge-
macht haben; er sieht es uns nur tun; denn er hat
das Gestern nicht verloren wie wir. Er «sieht» auch
nicht «voraus», was wir morgen tun werden. Er
sieht nur, was wir tun; denn das Morgen liegt nicht
so vor ihm wie für uns. Wir fühlen uns in unserer
Handlungsfreiheit eingeschränkt, weil Gott weiss,
was wir tun. Ebenso weiss Gott nun, was wir morgen
tun werden, weil er schon im Morgen ist und uns
einfach zusehen kann. In gewisser Weise kennt Gott
unser Tun erst, wenn es getan ist. Aber auf der an-
deren Seite ist der Augenblick, indem wir es tun, für
ihn schon Gegenwart.“[21]

Die Erwählung ist ein nicht erklärbares Wunder, das
im Willen Gottes gründet. Zweifellos besteht zwischen dieser vom menschlichen Verhalten unabhän-
gigen Gnadenwahl Gottes und der freien Willensentscheidung des Menschen, Gott anzunehmen oder
Gott abzulehnen, ein Spannungsfeld, das sich nach
menschlicher Logik nicht gänzlich auflösen lässt.
Die Erwählung ist eine unschätzbare Gnade, die
jeder Mensch für sich beanspruchen darf, denn

---

[21] Lewis C.C., Pardon, ich bin Christ, Brunnen 1977, S.151-153

„Dies ist gut und wohlgefällig vor Gott, unserm Heiland, welcher will, dass allen Menschen geholfen werde und sie zur Erkenntnis der Wahrheit kommen" (1. Tim 2, 3.4).

Deshalb gilt: *„Das Heil bleibt für den Menschen im Pilgerstand auf Erden immer Gegenstand der Hoffnung und des Gebetes, des Kampfes und des Leidens".* [22]

Der Mensch kann sich also nicht durch philosophische Überlegungen oder Bibelstudium bewusst machen und erkennen, wie er zu Gott steht. Die Seele muss aufgerüttelt werden durch ein Anstossen, ein Eingreifen Gottes. Es handelt sich also um einen Akt göttlicher Zuwendung und Gnade.

Ein Kennzeichen echter Bekehrung ist demnach Demut. Der Bekehrte weiss, dass er fortwährend auf Gottes Gnade, auf seine Führung und seine Wegbegleitung angewiesen ist. Er begibt sich in Gottes Hand (Bild 2), wartet stets auf Gottes Anregungen und überlässt Gott vertrauensvoll das Ziel und den Ausgang seines Lebens. Er setzt aber auch seine Kräfte ein, um im Willen Gottes zu leben.

---

[22] Auer J., Ratzinger, J., Kleine Katholische Dogmatik, Band V, Friedrich Pustet 1970, S. 60

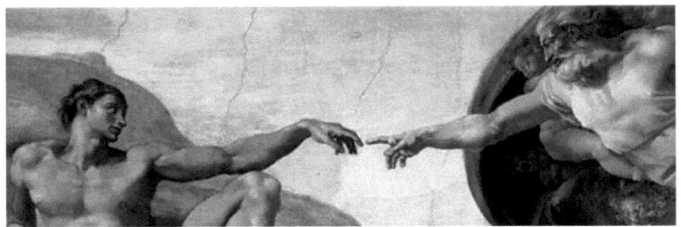

Bild 2 Die Erschaffung des Adam (Michelangelo, Sixtinische Kapelle, 1502-1512)

Bekehrung – Versuch einer praxisorientierten Begriffsbestimmung

Wie aufgezeigt wurde und wird unter dem Begriff Bekehrung im Verlauf der Heilsgeschichte Unterschiedliches verstanden. Ebenso kann man von einem vielfältigen Sprachgebrauch reden. Andererseits wurde die Bekehrung auch „als Zentralbegriff christlicher Frömmigkeit" bezeichnet.[23] Wenn dem so ist, müsste sich auch eine praxisorientierte Begriffsbestimmung finden lassen, welche die Möglichkeit eröffnet, zu verstehen, was letztlich gemeint ist.

Ein solch ganzheitlicher Ansatz wird hier gewagt. Hierzu wird das Bild 2, Seite 7 mit dem Begriff „Glauben", wie er bei Paulus und Johannes anklingt, erweitert (Bild 3).

---

[23] Frend W.H.C. u.a., a.a.O., S. 470

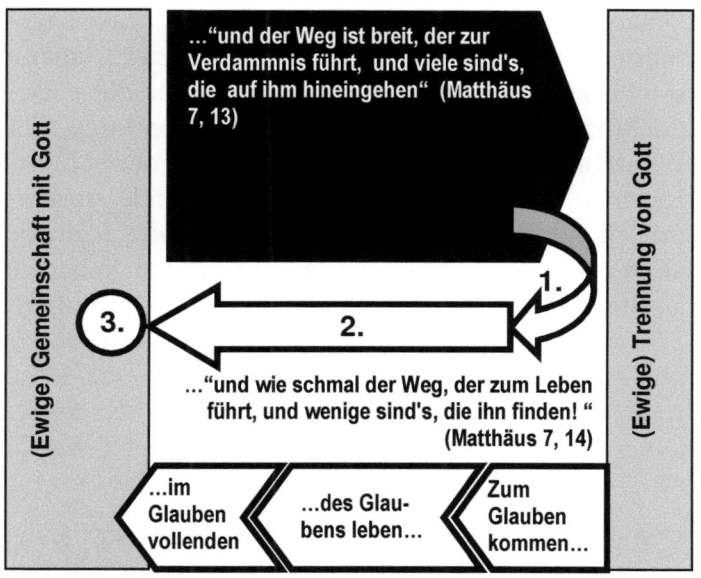

Bild 3 »Bekehrung« und »Glauben« – verstanden als Prozess mit je drei Elementen

»Bekehrung« beinhaltet demnach: **1. Umkehr, 2. Rück- oder Heimweg** und **3. Daheim sein.**

»Glauben« beinhaltet demnach: **1. Zum Glauben kommen, 2. des Glaubens leben** und **3. im Glauben vollenden.**

Mit anderen Worten: »Bekehrung« und »Glauben« kommen erst dann zu ihrem Ende, wenn die Rückkehr zur ewigen Gemeinschaft mit Gott erfolgt ist.

Obwohl grösstes Ziel des Christen, ist der hier ange-
führte 3. Teil von Bekehrung und Glauben („Daheim
sein" bzw. „im Glauben vollenden") für diese Be-
trachtung nicht relevant. Dieser Augenblick der
Wahrheit kommt bestimmt. Entweder in der verheissenen Wiederkunft Christi oder am Ende unseres
irdischen Lebens. Dass die Aussicht auf die Teilhabe
an der Wiederkunft Christi allen Christen lieber ist
als der leibliche Tod, hat schon Paulus formuliert:
*„Denn solange wir in dieser Hütte sind, seufzen wir
und sind beschwert, weil wir lieber nicht entkleidet,
sondern überkleidet werden wollen, damit das Sterb-
liche verschlungen werde von dem Leben"* (2. Kor 5,
4).

Den beiden anderen Abschnitten („Umkehr" bzw.
„zum Glauben kommen" und „Rück- oder Heimweg" bzw. „des Glaubens leben") haben wir uns
zuzuwenden, wenn wir die Frage „Bekehrung –
einmaliger, radikaler Akt oder lebenslange, wiederkehrende Verpflichtung" beantworten wollen.

BEKEHRUNG – EINMALIGER, RADIKALER AKT?

Als er aber auf dem Wege war und in die Nähe von Damaskus kam, umleuchtete ihn plötzlich ein Licht vom Himmel; und er fiel auf die Erde und hörte eine Stimme, die sprach zu ihm: Saul, Saul, was verfolgst du mich? Er aber sprach: Herr, wer bist du? Der sprach: Ich bin Jesus, den du verfolgst. Steh auf und geh in die Stadt; da wird man dir sagen, was du tun sollst

(Apostelgeschichte 9, 3-6)

Nach der praxisorientierten Begriffsbestimmung kann sich die Frage nach dem „einmaligen, radikalen Akt" nur auf die Phase 1 („Umkehr" bzw. „zum Glauben kommen") beziehen. Diese „Umkehr" bzw. das „zum Glauben kommen" kann allerdings auf sehr unterschiedliche Weise erfolgen. Dies wird im Folgenden anhand von je zwei Beispielen dargestellt.

Umkehr als „Sprung in die Nachfolge"

Die erste Art, wie ein Mensch zum Glauben kommen kann, zeigt das Beispiel der Bekehrung des Saulus von Tarsus, des späteren Apostels Paulus, wie es uns in Apostelgeschichte 9, 1-19 überliefert ist. In einem traumatischen Erlebnis auf dem Weg nach Damaskus griff Jesus Christus wie ein Blitz in sein Leben ein (Bild 5). In der nachfolgenden Begegnung mit Hananias fiel es ihm dann „von seinen Augen wie Schuppen" (Apg. 9, 18) und er liess sich taufen. Für Saulus war das Eingreifen Gottes auf dem Weg nach Damaskus, „*als hätte jemand in seinem Inneren urplötzlich eine Weiche umgestellt*".[24]

Diese Art der Umkehr kann man als „Sprung in die Nachfolge" bezeichnen, handelt es sich doch um eine plötzliche, beinahe augenblickliche Kehrtwendung im Leben eines Menschen. Ein solcher radikaler „Sprung in den Glauben" lässt sich in der Regel genau datieren und dürfte für den Betroffenen ein herausragendes Ereignis darstellen.

Als Beispiel für einen „Sprung in die Nachfolge" aus neuerer Zeit sei der amerikanische Erweckungsprediger Charles Grandison Finney (1792-1876; Bild 5) erwähnt.

Bild 5
Charles Grandison Finney

(1792-1876)
Amerikanischer Erweckungsprediger

---

[24] Bradford E., Die Reisen des Paulus, dtv 1979, S. 76

Im Herbst 1824 hatte er ein Bekehrungserlebnis, als er alleine in einem Wäldchen spazieren war; wenige Tage später erfuhr er wieder ein intensives Erlebnis mit Gott, was er später als Geistestaufe beschrieb. Nach diesem dramatischen Erlebnis wurde Finney ein vollzeitlicher Prediger und später auch ordinierter Pastor der presbyterianischen Kirche. Er erlebte an mehreren Orten, wie durch seine Predigten Gemeinden Erweckungen erfuhren. Schätzungen zufolge bekehrten sich bis zu 500'000 Menschen aufgrund seines logischen und anschaulichen Predigtstils. Zum Thema Bekehrung hatte Finney eine dezidierte Meinung:

„Der Übergang vom Unbekehrtsein zum Bekehrtsein erfolgte als bewusst erlebter Willensakt. Der Glaube an die Wahrheit der Bibel genügte nicht, weil der Glaube mit dem Willen zu tun hätte. Gefordert war eine Änderung des Willens. Diese Einsicht nennt Finney „Offenbarung". Während seines dreitägigen inneren Kampfes hatte er gelobt, im Falle einer Bekehrung Prediger zu werden, und diese Aussicht hatte sein Gemüt zu beruhigen vermocht... Zeit seines Lebens hielt er an der Überzeugung fest, dass erst die Bekehrung den Menschen für das Reich Gottes aktiv werden lässt: Sei es durch Mitarbeit im Predigtdienst, sei es in Wohltätigkeitsvereinen oder sei es im Unterricht. Wiedergeburt und Müssiggang schliessen einander aus."[25]

---

[25] Gäbler U., Auferstehungszeit, C.H. Beck 1991, S. 18

Jürg Meier

Umkehr als „schleichender Eintritt in die Nachfolge"

Die zweite Art, wie ein Mensch zum Glauben kommen kann, verläuft völlig anders und ohne jede Radikalität. Man ist geneigt, sie als „schleichenden Eintritt in die Nachfolge" zu bezeichnen. Dem betroffenen Menschen wird erst allmählich bewusst, dass er sich auf dem Weg der Umkehr zurück zu Gott befindet. Diese Bekehrung verläuft in einer „lang gezogenen Kurve", die über einen Zeitraum von mehreren Jahren durchwandert wird. Zunächst sei für diese Art der Bekehrung der schottische Professor für Moralphilosophie an der St Andrews University und Theologie an der University of Edinburgh, Reverend Thomas Chalmers (1780-1847; Bild 6) genannt. Chalmers war ein Exponent der Erweckungsbewegung im Schottland des 19. Jahrhunderts und trug entscheidend zur Gründung der schottischen Freikirche im Jahre 1843 bei. Er war 1846 Mitbegründer der evangelischen Allianz, die Christen über konfessionelle und nationale Grenzen hinweg zusammenführen will. Seine Bekehrung wird folgendermassen beschrieben:

„Sicherlich erlebte Chalmers keine plötzliche Bekehrung. In einem langsamen, mehrmonatigen, vielleicht sogar mehrjährigen Prozess kam es zu Änderungen sowohl in seinem Glaubensleben als auch in der Berufsauffassung. Niemals in späteren Jahren hat Chalmers seinen Weg als beispielhaft für andere

aufgeführt, da jegliche Bekehrungsmentalität ihm zutiefst zuwider war; er sah darin eine Vergewaltigung der Individualität und Einzigartigkeit eines Menschen. Eine Bekehrung sei allein ein Werk des Herrn, formulierte er als treuer Schüler von Edwards. Sie könne sich durchaus schrittweise und langsam vollziehen und ihre Entwicklung könne bis ans Lebensende fortdauern "[26]

Bild 6
Thomas Chalmers

1780-1847
Schottischer Erweckungsprediger

Ein weiteres, bekanntes und gut dokumentiertes Beispiel für den „schleichenden Eintritt in die Nachfolge" ist Clive Staples Lewis (1898-1963; Bild 7), der zu einem der bekanntesten christlichen Schriftsteller geworden ist. Er schildert seine Bekehrung vom überzeugten Atheisten zum Gottgläubigen von 1922 bis 1929, also über einen Zeitraum von sieben Jahren. Danach dauerte es noch eine weitere Zeit, bis er

---

[26] Gäbler U., a.a.O, S. 36

sich als Christ bezeichnen konnte. Lewis beschreibt dies so: *„Ich fühlte mich wie ein Schneemann, der endlich zu schmelzen beginnt.“[27]*... *„Im Trinity Term 1929 lenkte ich ein und gab zu, dass Gott Gott war, und kniete nieder und betete; vielleicht in jener Nacht der niedergeschlagenste und widerwilligste Bekehrte in ganz England.“[28]*

Bild 7

Clive Staples Lewis
(1898 – 1963)
Britischer Schriftsteller und
Literaturwissenschaftler

Diskussion der Phase „Umkehr“

Durch die Umkehr als ersten Schritt der Bekehrung kommen wir zum Glauben. *Wir werden hinein genommen in die Bewegung Gottes auf dem Weg zum Menschen und machen uns selbst auf den Weg in der*

---

[27] Lewis, C.S., Überrascht von Freude, Brunnen 1994, S. 269
[28] Ebd., S. 274

Bewegung von Glauben, Liebe und Hoffnung.[29] Es wurde festgestellt, dass diese Umkehr plötzlich, radikal und im Sinne einer abrupten Kehrtwendung (Bild 8, a) vonstattengehen kann. Sie kann aber auch das Ende einer gleichsam schleichenden, über Monate und Jahre dauernden Kurvenfahrt sein (Bild 8, b). In beiden Fällen mündet diese Phase der Umkehr jedoch in den „Rück- oder Heimweg", in die Hinwendung zu Gott (Bild 8).

Dabei ist festzuhalten, dass Bekehrung nur dann Bekehrung ist, wenn sie in den Weg der Nachfolge mündet. Mit anderen Worten: Bekehrung muss sich durch eine Verhaltensänderung im Menschen offenbaren und in Werken sichtbar werden: *„Denn wie der Leib ohne Geist tot ist, so ist auch der Glaube ohne Werke tot"* (Jakobus 2, 18).

In der Bibel endet diese erste Phase der Bekehrung mit der Taufe (vgl. Apg. 1, 38; 2, 41; 8, 12; 8,13; 8, 36; 9, 18; 10, 48; 16, 33; 18, 8; 19, 5; 22, 16). Mit der Wassertaufe werden die Folgen des Sündenfalles, der „Ursünde" (der Verlust der Gemeinschaftsfähigkeit mit Gott, die Gottferne des Menschen) beseitigt und der Weg zum Heil und zur Erlösung geöffnet.

---

[29] Neval D.A, Die Macht Gottes zum Heil, Theologischer Verlag 2006, S. 482

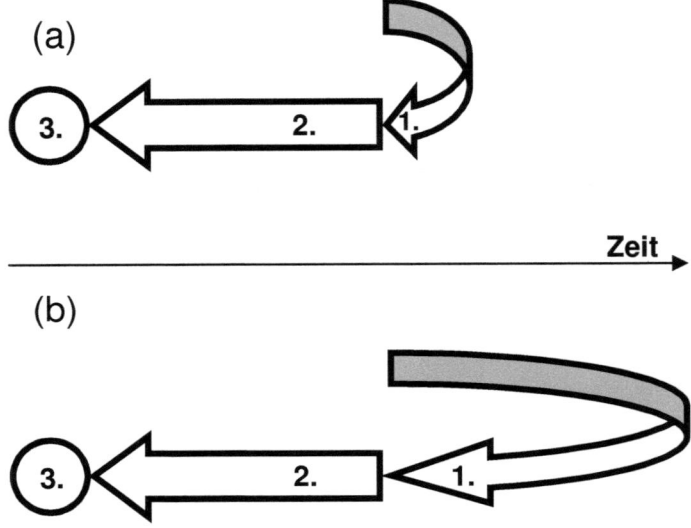

Bild 8   Die Phase der Umkehr kann abrupt und radikal (a) oder langsam und schleichend (b) vonstattengehen

Wenn die Umkehr und Hinwendung zu Gott beim Erwachsenen in der Regel in die Taufe führt, muss hier ein Wort zur in vielen christlichen Konfessionen geübten Praxis der Kindestaufe angefügt werden.

Wird ein Kind getauft, so übernehmen die Eltern die Verantwortung dafür, das Kind nach christlichen Werten und im christlichen Glauben zu erziehen. Irgendwann im Leben des getauften Kindes – dies muss nicht unbedingt schon zum Zeitpunkt der Konfirmation bzw. Firmung geschehen – wird sich der jugendliche Christ bewusst machen müssen, was ihm sein Glauben bedeutet. In diesem Sinn wird jeder als Kind getaufter Christ die Frage der Bekehrung irgendwann während seines Lebens beantworten müssen.

Leider scheinen sich heute viele Eltern ihrer grossen Verantwortung vor Gott nur ungenügend bewusst zu sein. Wo die Kindestaufe nur Anlass für ein Familienfest bietet, werden die Eltern die Aufgabe, ihr Kind im christlichen Glauben zu erziehen, nur ungenügend wahrnehmen. Was aber die Eltern in dieser Hinsicht unterlassen, kann der beste Religionsunterricht nicht leisten.[30]

Zum Thema Bekehrung äussert sich auch Ratzinger: *„Bekehrung kann viele Formen haben. Sie muss nicht immer in einem punktuellen Ereignis geschehen... Aber in irgendeiner Form muss dieses Ja zu diesem neuen Anfang bewusst übernommen, muss die Wende vom Ich zum Nicht-mehr-Ich vollzogen sein"*[31]

---

[30] Im Bibelgrundkurs 2 (Röseler M., a.a.O., Teil 2, S. 130) wird die Kindertaufe als unbiblisch bezeichnet. Biblische Hinweise, wonach Menschen „mit ihrem ganzen Haus" getauft wurden (Apg. 10, 44-48; 16, 15; 16, 33; 1. Korinther 1, 16) sind jedoch ein starkes Argument für die Kindertaufe, ebenso das Jesuwort: *„Wahrlich, ich sage euch: Wenn ihr nicht umkehrt und werdet wie die Kinder, so werdet ihr nicht ins Himmelreich kommen"* (Matthäus 18, 3b). Im „*... und werdet wie die Kinder*" wird der kindliche Glauben angesprochen. Kleine Kinder glauben ihren Eltern auch dann und tun, was sie sagen, wenn ihnen keine Begründung geliefert wird. Diese Grundhaltung gegenüber Gottes Willen muss als Zeichen gelebter Bekehrung auch beim Erwachsenen offenbar werden.

[31] Ratzinger J., Wesen und Auftrag der Theologie, Johannes 1993, S. 49

Ist nun Bekehrung ein „einmaliger, radikaler Akt"? – Diese Aussage ist mit Sicherheit zu plakativ. Vorsichtig ausgedrückt kann gesagt werden:

Die „Umkehr" als erste Phase der Bekehrung kann in Form einer Kehrtwendung erlebt werden. In diesem Fall ist sie „radikal". Sie kann aber auch das Resultat eines länger dauernden Reifungsprozesses sein; dann wird sie nicht als „radikal" empfunden.

Die „Umkehr" als erste Phase der Bekehrung ist ferner ein Akt, der vom Betroffenen bewusst erlebt, eine Entscheidung, die bewusst getroffen werden muss. Ob dies das Prädikat „einmalig" verdient, kann erst beantwortet werden, wenn die zweite Phase der Bekehrung, „der Heimweg" bzw. „der Weg der Nachfolge" analysiert ist. Dieser Analyse dient das nächste Kapitel.

BEKEHRUNG – LEBENSLANGE, WIEDER-KEHRENDE VERPFLICHTUNG?

So wahr ihr, liebe Brüder, mein Ruhm seid, den ich in Christus Jesus, unserm Herrn, habe: ich sterbe täglich.

(1. Korinther 15, 31)

Heim- oder Rückweg – der Weg der Nachfolge

Der Begriff „Nachfolge" stammt aus dem Leben der Jünger jüdischer Rabbiner. Damals bestand zwischen Jüngern und Lehrern eine vollständige Lebensgemeinschaft. Da die Schriftgelehrten oft ein Wanderleben führten, war diese Lebensgemeinschaft nur deshalb möglich, weil die Jünger dem Meister nachfolgten. Dieses Bild wird auch für die Jünger Jesu verwendet und soll auch heute für die bekehrten Gläubigen Anwendung finden. Auch Nachfolge ist ein Prozess, der sich durch mehrere Phasen auszeichnet[32]:

1. <u>Lösen bisheriger Bindungen</u>:

   Der Nachfolger ist bereit, alles hinter sich zu lassen, was ihn aufhalten könnte. Dies bedeutet

---

[32] Luther R., a.a.O., S. 168

auch, bewusst auf bestimmte Traditionen und Sitten zu verzichten.

2. Ineiner Bewegung sein:

Der Nachfolger ist bereit, seinen Willen dem seines Meisters unterzuordnen, den Meister voran gehen zu lassen und dessen Wahl vorbehaltlos zu akzeptieren.

3. Sich selbst verleugnen:

Der Nachfolger verzichtet darauf, sein eigener Herr zu sein, sich selbst zu führen. Er ist bereit, sich der Führung durch den Meister bedingungslos anzubefehlen.

4. Das Schicksal teilen:

Der Nachfolger ist bereit, für den Meister in den Tod zu gehen. Dies haben die ersten Christen bewiesen. Heute kann für den, der Jesus nachfolgt, die Herausforderung weniger darin liegen, für Jesus zu sterben als für Jesus zu leben.

Wenn wir vom „Weg der Nachfolge" oder von „des Glaubens leben" sprechen, sind genau diese Eigenschaften gemeint. Nur derjenige ist Christi Jünger – ist ein „Bekehrter" – der bereit ist, bisherige Bindungen zu lösen, in steter Bewegung zu sein, sich selbst unterzuordnen und im Leben und in der Lehre Jesu aufzugehen.

Den Weg der Nachfolge zu gehen, bedeutet aber, ihn täglich neu „unter die Füsse zu nehmen". Mit anderen Worten: Wer den Weg der Nachfolge ernsthaft gehen will, muss sich täglich neu zu Gott hinwenden und damit von der Sünde abwenden. In diesem Sinn kann Bekehrung kein einmaliger Akt sein. Sie ist vielmehr eine lebenslange, täglich wiederkehrende Verpflichtung. Dies meint Paulus, wenn er zu Timotheus sagt: *„Ich habe den guten Kampf gekämpft, ich habe den Lauf vollendet, ich habe Glauben gehalten"* (2. Tim 4, 7).

Jeder, der den Weg der Nachfolge betreten hat weiss, dass er damit einen lebenslangen Kampf auf sich nimmt. Diesen Kampf führen wir zunächst gleichsam mit uns selbst, gilt es doch, das „eigene Ich", das unsere Gedanken zu beherrschen sucht, dem Willen Gottes täglich neu unterzuordnen. Ausserdem wird in unserer säkularisierten Welt oft und gerne vergessen, dass „der Böse" (Teufel, Satan) ein Interesse daran hat, uns von der Liebe Gottes zu scheiden (vgl. Röm 8, 38.39). Deshalb wohl spricht Paulus auch davon, dass er täglich stirbt (1. Kor 15, 31). Wer den Weg der Nachfolge konsequent geht weiss, dass er in diesem Sinn auch täglich „sterben" muss.

Die Konsequenz der Sünde

Unter Sünde kann alles verstanden werden, was dem Willen Gottes zuwiderläuft bzw. seinem Wesen entgegensteht. Mit anderen Worten:

In dem Augenblick, wo der Mensch sündigt, wendet er sich von Gott ab.

Jeder Mensch – auch der Bekehrte! – ist zeitlebens zur Sünde geneigt und wird auch zeitlebens sündigen. Dies hat Konsequenzen, die mit Sicherheit dazu führen würden, dass der Mensch auf ewig verloren wäre, wenn nicht Jesus Christus das Opfer zur Vergebung der Sünden gebracht hätte, denn Sünde bedeutet ja Abkehr von Gott (Bild 9).

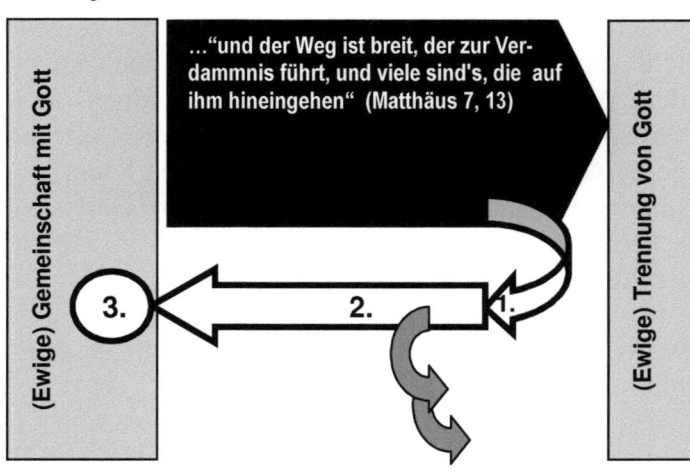

Bild 9   Sünden (rote Pfeile) bedeuten Abkehr – und damit Trennung! – von Gott

Die Notwendigkeit der Sündenvergebung

Ohne die durch das Opfer Jesu eröffnete Möglichkeit der Sündenvergebung würde es keinem Menschen gelingen, zur ewigen Gemeinschaft mit Gott zurückzukehren, würde er sich doch – als zur Sünde geneigtes Wesen – täglich mehr von Gott trennen. Mit der Sündenvergebung erst wird es immer wieder möglich, die durch die Sünde erfolgte Abkehr von Gott gegenstandslos zu machen. Der Bekehrte kann auf dem Weg der Nachfolge bleiben (Bild 10).

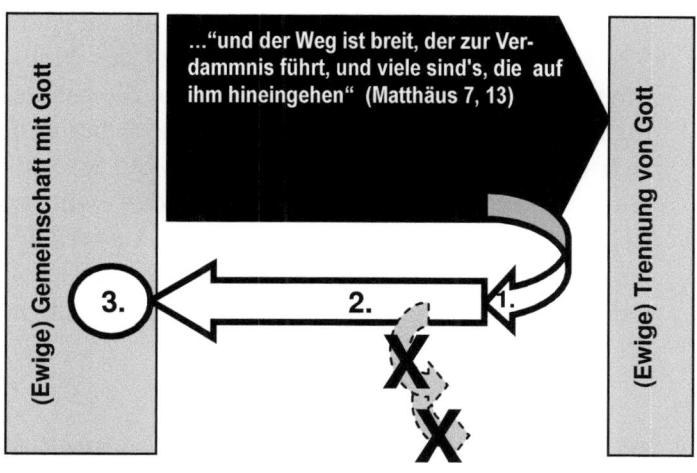

Bild 10 Die Sündenvergebung (**X**) eliminiert die Konsequenzen der Sünde

Der Weg der Nachfolge in der Praxis

Haben wir Möglichkeiten zu prüfen, ob wir auf dem Weg der Nachfolge sind? Haben wir Möglichkeiten, uns täglich zu Gott hinzuwenden und von der Sünde abzuwenden?

Drei Hinweise seien hier gegeben:

1. *Wer ein gesundes Gebetsleben pflegt, wendet sich stets neu zu Gott hin:*

Das tägliche Morgengebet ist in seiner Essenz nichts anderes, als die bewusste Hinwendung zu Gott. Jedes weitere Gebet ebenso. Da die meisten Sünden ihren Anfang in den Gedanken des Menschen nehmen, müsste es möglich sein, die Sünde im Keim zu ersticken, wenn der Mensch bei den sich entwickelnden sündhaften Gedanken jeweils ein „Stossgebet" zum Himmel senden würde. Leider tun wir dies viel zu selten. Ausserdem neigt der Mensch dazu, manche Sünden nachgerade zu lieben – damit werden seine Schwächen oft sehr stark…

2. *Wer regelmässig die Vergebung der Sünden hinnimmt, wird die Konsequenzen der Sünde – Trennung und Abkehr von Gott – los:*

Jesus hat bekanntlich seine Jünger beauftragt, Sünden zu vergeben: *„Welchen ihr die Sünden erlasst, denen sind sie erlassen; und welchen ihr sie*

behaltet, denen sind sie behalten" (Joh 20, 23).
Obwohl eingangs festgehalten wurde, dass diese
Arbeit überkonfessionell abgefasst ist, muss hier
eine Überzeugung festgeschrieben werden: Vergebung der Sünde verlangt nach dazu von Jesus
beauftragten Menschen. Damit kann Kirche (im
weitesten Sinn) nicht zur Disposition gestellt
werden. Es ist deshalb ein Irrtum zu meinen, dass
das Christentum ohne Kirche bestehen kann. An
dieser Tatsache ändern rückläufige Mitgliedszah-
len und rückläufige Zahlen von Gottesdienstbe-
suchern in praktisch allen christlichen Kirchen in
Mitteleuropa nichts.

3. *Die Wahrheit des Evangeliums ruft den Menschen in die Nachfolge Christi:*

Auch diese Forderung sei an der Institution Kirche festgemacht. Nachfolge bedeutet auch: *„Sie
blieben aber beständig in der Lehre der Apostel
und in der Gemeinschaft und im Brotbrechen und
im Gebet"* (Apg 2, 42). Zweifellos hat sich in der
Urkirche eine gottesdienstliche Ordnung heraus-
kristallisiert, die von den Christen gelebt wurde.
Dazu zählte beispielsweise das Gemeinschafts-
mahl, bei dem es sich ursprünglich um eine rich-
tige Mahlzeit handelte. Dieses wurde gemeinsam
eingenommen auch im Hinblick auf das messia-
nische Freudenmahl, das man mit der nahen Wiederkunft Christi erwartete. Auch die Taufe galt

von Anfang an als Vorbedingung für die Aufnahme in die christliche Gemeinde.[33] Der neutestamentliche Begriff *Ekklesia* („Gemeinde", „Gemeindeversammlung", „Kirche") war bereits unter den Urchristen gebräuchlich und bedeutete zweierlei: *1)* eine Versammlung, zu der die christusgläubigen Angehörigen zusammenkamen und *2)* eine Gemeinschaft, deren Mitglieder auch ausserhalb der aktuellen Zusammenkünfte durch gegenseitige soziale Kontakte verbunden waren.[34] Nachfolge war schon damals an die Teilnahme am Gemeindeleben gebunden. Weshalb sollte es heute anders sein?

---

[33] Winkelmann F., Geschichte des frühen Christentums, C.H. Beck 1996, S. 112-116

[34] Stegemann E.W., Stegemann W., Urchristliche Sozialgeschichte, W. Kohlhammer 1995, S. 230

BEKEHRUNG – LEBENSLANGER PROZESS!

Wer nicht stirbt, bevor er stirbt, der verdirbt, wenn er stirbt.

Hoffnung und Ziel: Die Wiederkunft Christi

Weshalb ist Bekehrung nötig, weshalb muss der Weg der Nachfolge gegangen werden und worin soll die Motivation des Christen liegen, seinen Glauben zu leben?

Jesus hat verheissen: *„Und wenn ich hingehe, euch die Stätte zu bereiten, will ich wieder kommen und euch zu mir nehmen, damit ihr seid, wo ich bin"* (Joh 13, 3).

Das Gleichnis von den zehn Jungfrauen (Bild 12; Matthäus 25, 1-13) zeigt, dass fünf Jungfrauen ihre (Lebens-) Zeit genutzt haben, um sich zur Hochzeit vorzubereiten.

Wer klug handeln will bekehrt sich im hier vorgestellten Sinn, bleibt sein Leben lang wachsam und bereitet sich vor auf die Wiederkunft Christi. Wer sich vorbereitet ist bereit, wenn Jesus kommt: *„und die bereit waren, gingen mit ihm hinein zur Hochzeit, und die Tür wurde verschlossen"* (Mt 25, 10)

Bild 12   Die klugen (links) und die törichten (rechts) Jungfrauen. Gallus-
pforte am Basler Münster. Die Törichten halten ihre Gefässe
verkehrt herum...

Die Forderung: Treue bis zuletzt

Nach dem bisher Gesagten kann Bekehrung nicht
einfach als einmaliger, radikaler Akt bezeichnet
werden. Es handelt sich dabei vielmehr um eine lebenslange, täglich wiederkehrende Verpflichtung,
sich in der Gesinnung Gott zuzuwenden („Hinkehr
zu Gott") und damit von der Sünde abzuwenden
(„Abkehr von der Sünde") gemäss der Aufforderung
des Apostels Paulus: *„Darum werden wir nicht mü-
de; sondern wenn auch unser äusserer Mensch ver-
fällt, so wird doch der innere von Tag zu Tag erneu-
ert"* (2. Kor 4, 16). Radikale Ausrichtung auf Jesus
Christus ist gefordert: *„Wie ihr nun den Herrn
Christus Jesus angenommen habt, so lebt auch in
ihm und seid in ihm verwurzelt und gegründet und
fest im Glauben, wie ihr gelehrt worden seid, und
seid reichlich dankbar"* (Kol 2, 6.7).

Diese täglich neu erforderliche „Fokussierung" der Gesinnung und Einstellung wird im Wandel sichtbar. Der gläubige Christ geht den „Heimweg", den „Weg der Nachfolge" zur ewigen Gemeinschaft bewusst und beweist, dass er *„seines Glaubens lebt"* und zu denen gehört, von denen es heisst: „*...die folgen dem Lamm nach, wohin es geht"* (Offb 14, 4).

Bekehrung – die bedingungslose Hinwendung zu Gott und Ausrichtung auf Gott – ist also der Weg, der, so er begangen wird, dem Leben Sinn gibt und den gläubigen Christen auf seinem Lebensweg Gott näher führt.

Ausrichtung auf Gott empfängt der Mensch...

❖ im Gebet

❖ in der steten Suche, Gottes Willen zu erfüllen

❖ in der Ansprache durch Gottes Wort

❖ in der Gabe des Heiligen Geistes, die ihn in die Gedanken Gottes und in das Leben Gottes einbindet

In diesem Zusammenhang sei auch noch auf die wichtige Rolle der Sakramente – besonders des regelmässig zu feiernden Heiligen Abendmahles – hingewiesen. Die Sakramente versichern dem Menschen, dass Gott sich ihm stetig zuwendet, und sie beinhalten besondere Stärkungen des göttlichen Lebens im Menschen. Dem bekehrten Menschen ist der regelmässige Genuss des Heiligen Abendmahles in der Gemeinschaft der Gläubigen deshalb ein Herzensbedürfnis.

Eine ganz besondere Ausrichtung auf Gott geschieht durch Jesus Christus, den wahren Sohn Gottes. In ihm findet man das vollkommene Lebensbild, das uns Gott geben will.

Der Bekehrte will und wird darum Christus nachfolgen in der von Jesus selbst verbürgten Überzeugung: *„Ihr nennt mich Meister und Herr und sagt es mit Recht, denn ich bin's auch"* (Joh 13, 13).

Mögen diese Ausführungen dazu dienen, dass der Kampf in der Nachfolge gegangen, die persönliche Bekehrung täglich neu bewiesen und Gott die Treue bis zum Lebensende bewahrt wird.

Wo dies der Fall ist, darf man getrost mit Paulus hoffen: *„Ich habe den guten Kampf gekämpft, ich habe den Lauf vollendet, ich habe Glauben gehalten; hinfort liegt für mich bereit die Krone der Gerechtigkeit, die mir der Herr, der gerechte Richter, an jenem Tag geben wird, nicht aber mir allein, sondern auch allen, die seine Erscheinung lieb haben"* (2. Tim 4, 7.8).

Essays für Christen

Jürg Meier

„ICH BIN" – Die sieben Provokationen Jesu und ihre Bedeutung für den Christen heute

Jürg Meier

Stellt man sich die Frage, was Christen – im Gegensatz zu Nichtchristen – glauben, kommt man zu nachstehend aufgeführten fünf Kernaussagen[35]:

1. **Christen glauben an Gott.** Gott ist ein geistiges, ewiges, unendliches, allwissendes, allmächtiges und völlig unabhängiges Wesen. Er ist der Schöpfer der irdischen und himmlischen Welten.

2. Der Glaube des Christen an Gott beinhaltet *zugleich* den **Glauben an Jesus Christus, den eingeborenen Sohn Gottes.** Jesus von Nazareth, der gezeugt durch den Heiligen Geist von der Jungfrau Maria in die Welt hineingeboren wurde, ist zugleich wahrer Mensch und wahrer Gott, ist der Christus und Erlöser der Menschheit.

3. Christen glauben, dass **Jesus Christus**, der eingeborene Sohn Gottes, **vom Tod auferstanden** ist.

4. Christen glauben, dass der auferstandene **Jesus Christus** vor seiner Auferstehung **am Kreuz gestorben** ist, um die sündigen Menschen mit Gott zu versöhnen.

---

[35] Burckhardt, H., Was glaubt eigentlich ein Christ? Winteler 2000, S. 8-30.

5. Indem Christen an Jesus Christus als den vom Tod auferstandenen Versöhner glauben, **glauben sie zugleich auch an eine Erneuerung ihres eigenen Lebens durch die wirksame Gegenwart des Auferstandenen** in ihrem Leben.

Der Glaube, dass der Mensch Jesus von Nazareth, der um das Jahr 30 in Palästina am Kreuz hingerichtet worden ist, zugleich „Christus" (der Gesalbte, Erwählte), Gottes eingeborener Sohn, also Gott ist, ist für Nichtchristen unvorstellbar und unfassbar.

„Der Sinn, der alles Sein trägt, ist Fleisch geworden, das heisst: er ist in die Geschichte eingetreten und einer in ihr geworden; er ist nicht mehr bloss das, was sie umgreift und trägt, sondern ein Punkt in ihr selbst"[36].

Apostel Johannes formuliert denn auch in seinem Evangelium als christologischen Grundgedanken die Sätze: *„Im Anfang war das Wort, und das Wort war bei Gott, und Gott war das Wort. Dasselbe war im Anfang bei Gott. Alle Dinge sind durch dasselbe gemacht, und ohne dasselbe ist nichts gemacht, was gemacht ist"* (Joh[37] 1, 1-3). Das heisst nichts anderes, als dass Jesus von Nazareth der Christus, der „**Logos**" (gr. „das Wort, der Sinn") ist, in dem sich Gott dem Menschen sichtbar offenbart hat. Christen glauben, dass Jesus Christus, sein Mensch- und sein

---

[36] Ratzinger, J., Einführung in das Christentum, Kösel 2005, S. 182.
[37] Abkürzungen der biblischen Bücher nach Lutherbibel 1984, Seite 14.

Gottsein, seine Person und sein Werk untrennbar verbunden sind. Mehr noch: im *„Ich und der Vater sind eins"* (Joh 10, 30) ist das Wesen von Jesus Christus untrennbar mit Gott dem Vater verbunden und äussert sich in einer umfassenden, grenzen- und bedingungslosen Liebe zu den Menschen. *„Jesus kann vom Vater nur so reden, wie er es tut, weil er der Sohn ist und in der Sohnesgemeinschaft mit dem Vater steht. Die christologische Dimension, das heisst das Geheimnis des Sohnes als Offenbarer des Vaters, die „Christologie" ist in allem Reden und Tun Jesu anwesend"*[38]. Diese Glaubensüberzeugung macht den christlichen Glauben einzigartig:

„Das Christentum unterscheidet sich grundlegend von allen anderen Weltanschauungen. Es geht davon aus, dass der lebendige Gott gekommen ist, um unsere menschliche Situation zu durchleben, bei dem er die Verantwortung für unsere menschliche Bosheit und Verwerflichkeit auf sich genommen und die letzte Barriere, den Tod, am ersten Ostertag durchbrochen hat – und dass dies unabsehbare Konsequenzen für seine Jünger und die ganze Welt zur Folge hatte. Keine andere religiöse Anschauung behauptet so etwas. Das Christentum mag vielleicht falsch liegen, aber kein vernünftiger Mensch kann einfach behaupten, dass es das Gleiche aussagt wie die anderen Religionen!"[39].

---

[38] Ratzinger, J., Jesus von Nazareth, Herder 2007, S. 32.

[39] Green, M., Führen alle Wege zu Gott? Schulte und Gerth 2004, S. 22.

Nicht einmal der alttestamentliche Gott „Jahwe", יהוה, an den die Juden glauben, ist letztlich identisch mit dem christlichen Gott, weil „der Gott der Verheissung" mit und in Jesus Christus die Verheissung erfüllt hat. Der jüdische Gläubige akzeptiert das Jesuwort *„Ich und der Vater sind eins"* (Joh 10, 30) nicht und akzeptiert Jesus Christus nicht als Gottessohn[40]. Also kann der jüdische Gottesglaube trotz vieler Gemeinsamkeiten im Kern mit dem christlichen Gottesglauben nicht identisch sein. Jesus selbst sagt: *"Denn das ist der Wille meines Vaters, dass, wer den Sohn sieht und glaubt an ihn, das ewige Leben habe; und ich werde ihn auferwecken am Jüngsten Tage"* (Joh 6, 40). Der Vollständigkeit halber sei hier erwähnt, dass der christliche Glauben Gott – und auch das ist einzigartig – sogar in der Dreigestalt Vater, Sohn und Heiliger Geist erfährt[41]. Die Dreieinigkeit Gottes ist menschlicher Logik nur näherungsweise zugänglich. Vielleicht kann hier

---

[40] *„Die jüdische Tradition sah die erforderlichen Bedingungen für die Anerkennung als Messias mit Jesu Kommen nicht erfüllt"* (Rabbi Morris Goldstein, Jesus in the Jewish Tradition, MacMillan 1950, S. 232, zitiert in Fruchtenbaum, A., Jesus war ein Jude, Das Haus der Bibel 1996, S. 9); *„Ob wir Juden die christlichen Erklärungen verstanden haben oder nicht, jedenfalls haben wir die christlichen Behauptungen über Jesus durchweg abgelehnt. Wir haben nicht geglaubt, dass Jesus der Messias war; wir waren nicht bereit, ihn Herr zu nennen: wir haben nicht geglaubt, dass der Logos in Jesus Christus Mensch geworden sei; wir haben nicht geglaubt, dass Jesus die wirkliche Gottheit war oder ist"* (Samuel Sanmel, We Jews and Jesus, Oxford Univ. Press 1965, S. 44, zitiert a.a.O., S. 12)

[41] Ratzinger, J., Einführung in das Christentum, 5. Aufl., Kösel 2005, S. 150ff.

jedoch die Vorstellung hilfreich sein: Im Vater ist Gott *über* mir („*Wer unter dem Schirm des Höchsten sitzt und unter dem Schatten des Allmächtigen bleibt...*"; Ps 91, 1), im Sohn ist Gott *bei* mir ("*...siehe, ich bin bei euch alle Tage bis an der Welt Ende*"; Mt 28, 20) und im Heiligen Geist ist Gott *in* mir ("*...die Liebe Gottes ist ausgegossen in unsre Herzen durch den heiligen Geist, der uns gegeben ist*"; Röm 5, 5).

Mit seinen *"Ich bin..."*-Aussagen hat Jesus Christus ungemein provoziert. Er, der vom Vater als "Eckstein" ausersehen worden ist, wurde zum "Stein des Anstosses" und vom alttestamentlichen Bundesvolk verworfen (*"Der Stein, den die Bauleute verworfen haben, ist zum Eckstein geworden"* [Ps 118, 22; Mt 21, 42; Mk 12, 10; Lk 20, 17]).

Warum die "Ich bin"- Aussagen Jesu nötig, aber für die Pharisäer und Schriftgelehrten in der Zeit seines Wirkens derart provokativ waren und was wir von den sieben „Ich bin" - Bildworten Jesu im Evangelium Johannes auch heute für unser (Glaubens-) Leben lernen können – diese Fragen zu beantworten ist Gegenstand dieser kleinen Schrift.

Jürg Meier

VOM SINN DES „ICH BIN"

Der im Alten Testament verheissene Messias ist gleichzeitig Gott und Mensch[42.] Wenn also Jesus von Nazareth *der* Christus, Gottes Sohn ist, muss er gleichzeitig Mensch und Gott sein. Die Heilige Schrift gibt uns im Neuen Testament Hinweise, dass Jesus von Nazareth der Sohn Gottes ist. Johannes der Täufer sagte beispielsweise: *„Und ich habe es gesehen und bezeugt: Dieser ist Gottes Sohn"* (Joh 1, 34). Gott der Vater selbst bezeugte vernehmbar sein Wohlgefallen an seinem geliebten Sohn anlässlich der Taufe Jesu (Mt 3, 17) und auf dem Berg der Verklärung (Mt 17, 5). Die interessierten Kreise (Pharisäer und Schriftgelehrte) wollten aber von Jesus selbst hören, wer er sei.

Das christologische Dogma

Das christologische Dogma besagt, dass Jesus von Nazareth, *der* Christus ist – wahrer Mensch und wahrer Gott in Einem[43]. Kern christlichen Glaubens

---

[42] Psalm 2:7: *"Kundtun will ich den Ratschluss des HERRN. Er hat zu mir gesagt: »Du bist mein Sohn, heute habe ich dich gezeugt...";* Sprüche 30:4: *"Wer ist hinaufgefahren zum Himmel und wieder herab? Wer hat den Wind in seine Hände gefasst? Wer hat die Wasser in ein Kleid gebunden? Wer hat alle Enden der Welt bestimmt? Wie heisst er? Und wie heisst sein Sohn? Weisst du das?"*

[43] *„Das entfaltete christologische Dogma bekennt sich dazu, dass das radikale Christussein Jesu das Sohnsein postuliert und dass das Sohnsein das Gottsein einschliesst: nur wenn es so verstanden wird,*

ist somit einerseits, dass Gottes Sohn in Jesus von Nazareth Mensch geworden ist: *"Und das Wort ward Fleisch und wohnte unter uns, und wir sahen seine Herrlichkeit, eine Herrlichkeit als des einge-borenen Sohnes vom Vater, voller Gnade und Wahr-heit"* (Joh 1, 14). Diese **Theologie der Inkarnation**, der Fleischwerdung Gottes *"...redet vom Sein und kreist um die Tatsache, dass da ein Mensch Gott ist und dass damit zugleich Gott Mensch ist..."*[44]. Die **Theologie des Kreuzes** andererseits *"...spricht stattdessen vom Ereignis; sie... fragt nach dem Han-deln Gottes in Kreuz und Auferstehung, das den Tod besiegte und Jesus als den Herrn und als die Hoff-nung der Menschheit erwies"*[45].

Der Glaube an das christologische Dogma hat nun eine ungeheure Konsequenz:

Nur wer glaubt, dass Jesus Christus wahrer Mensch und wahrer Gott zugleich ist, kann ernsthaft behaupten, ein Christ zu sein.

Unser Christsein steht oder fällt letztlich mit der persönlichen Antwort, die wir uns auf die Frage *"Ist Jesus Mensch und Gott?"* geben. Kreuz und Aufer-stehung machen nur dann Sinn, wenn Jesus Christus wahrhaft Mensch und wahrhaft Gott ist: Jesus *" ist*

---

bleibt es »logoshafte«, verständige Aussage, während man ohne diese Konsequenz in Mythos absinkt" (Ratzinger, J., 2005, a.a.O., S. 199).

[44] Ratzinger, J., 2005, a.a.O., S. 215.

[45] Ratzinger, J., 2005, a.a.O., S. 215.

*um unsrer Sünden willen dahingegeben und um uns-
rer Rechtfertigung willen auferweckt*" (Röm 4, 25).

Für unsere Betrachtungen ist das christologische
Dogma insofern von zentraler Bedeutung, als der
Mensch Jesus von Nazareth – wie oben erwähnt –
seine Gottheit (Gottessohnschaft) den Menschen
seiner Zeit verständlich machen musste, damit sie
diesen Glauben überhaupt annehmen und in ihm den
verheissenen Messias erkennen konnten.

„Wer ist dieser?" – Dreimal wird diese Frage im
Neuen Testament gestellt (Lk 7, 49; 8, 25 und Joh
12, 34) [46]. Für die Menschen, die Jesus erlebten, war
sie naheliegend und legitim. Wie aber weist Jesus
nun darauf hin, dass er nicht nur Mensch, sondern
auch Gott ist – der **Logos**, der auf die Welt gekommen ist und auf den Gott, der Vater bereits im Proto-
evangelium (1. Mose 3, 15: *„der soll dir den Kopf
zertreten"*) hingewiesen hat?

Jesus beantwortet die Frage nach seiner Herkunft
unmissverständlich für jeden Juden, indem er direkt
auf die „Dornbuschgeschichte" (2. Mose 3, 14) und
auf Jesaja 43, 10 Bezug nimmt.

---

[46] Lk 7, 49: *„Da fingen die an, die mit zu Tisch sassen, und sprachen bei
sich selbst: Wer ist dieser, der auch die Sünden vergibt?".* Lk 8, 25: *"Sie
aber fürchteten sich und verwunderten sich und sprachen zueinander:
Wer ist dieser? Auch dem Wind und dem Wasser gebietet er, und sie
sind ihm gehorsam".* In Joh 12, 34: *"Wir haben aus dem Gesetz gehört,
dass der Christus in Ewigkeit bleibt; wieso sagst du dann: Der Menschensohn muss erhöht werden? Wer ist dieser Menschensohn?"*

Der „Ich bin" im Alten Testament

In 2. Mose 3 begegnen wir der „Dornbuschgeschichte". Auf dem Berg Horeb begegnete Moses Gott im brennenden Dornbusch, der brannte und doch nicht verbrannte. Moses erhielt den Auftrag, das Volk Israel aus Ägypten herauszuführen. Auf seine Frage, was für einen Namen Gottes er dem Volk mitteilen solle, erhielt er zur Antwort: יהוה, (Jahwe), *„Ich bin, der ich bin"* (Schlachter-Bibel) – *„Der »Ich bin«"* (Elberfelder-Bibel) – *„Der „Ich-bin-da"* (Einheitsübersetzung). (Luther hat mit *„Ich werde sein, der ich sein werde"* übersetzt). Diese Dornbuschgeschichte übernimmt Jesaja und entfaltet sie weiter in Kapitel 43, 10.11: *„Vor mir ist kein Gott gemacht, so wird auch nach mir keiner sein. Ich, ich bin der HERR und ausser mir ist kein Heiland"*. Mit diesem *„Ich, ich bin"* hat sich Gott der Vater, als *"HERR, der Gott eurer Väter, der Gott Abrahams, der Gott Isaaks und der Gott Jakobs" (2. Mose 3, 15) benannt und anrufbar gemacht"*[47].

Der „Ich bin" im Neuen Testament

Es ist unbestritten, dass selbst liberale Juden, sofern sie aktiv ihren Glauben leben, bis heute als „Schriftkundige" bezeichnet werden müssen. Der „Durchschnittsjude" kennt das „Alte Testament" (die Thora) wesentlich besser als der „Durchschnittschrist"

---

[47] Ratzinger, J.,2005, a.a.O. S. 107.

das „Neue Testament". Wenn Jesus in Bezug auf seine Person „Ich bin"-Worte gebrauchte, war jedem jüdischen Zuhörer sofort klar, dass er damit an die „Ich bin"-Aussagen im Alten Testament anknüpft und sich selbst als diesen „Ich bin" definiert.

Bei den sieben „Ich bin"-Worten, die es im Folgenden zu besprechen gilt, geht es also nicht einfach um die Antwort auf die Frage *„ Wer bist Du"*[48], sondern um die Vollmacht des Jesus von Nazareth als Sohn Gottes. Jesus festigt damit zum einen seinen Anspruch, als Gottes Sohn Teil der Dreieinigkeit Gottes, der göttlichen Trinität, zu sein. Zum andern zeigt er sich als der echte Gesandte Gottes in der Welt. Welche eine Provokation!

Es gibt im Neuen Testamente etliche „Ich bin"-Worte Jesu. Von „Ich bin"-Worten im engeren Sinne reden wir, wenn das „Ich bin" mit einem konkreten oder abstrakten Bild verknüpft ist, dem ein erklärender, heilsgeschichtlicher Nachsatz folgt[49] (Bild 1). Alle „Ich bin"-Worte, die dieser Architektur folgen, stehen im Johannesevangelium.

---

[48] Auf die Frage, wer er sei, antwortete Jesus jeweils sehr kurz (vgl. Lk 22, 70: *„Da sprachen sie alle: Bist du denn Gottes Sohn? Er sprach zu ihnen: Ihr sagt es, ich bin es"*)

[49] Lehre und Erkenntnis: „Die sieben Ich-bin-Worte Jesu", in: Unsere Familie – Die Zeitschrift der Neuapostolischen Kirche, Nr. 1, 2008, 35-37.

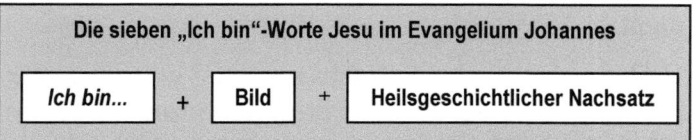

Bild 1: Aufbau der sieben „Ich bin-Worte" Jesu

DIE „ICH BIN..." – BILDWORTE JESU IM JOHANNES-EVANGELIUM

„Ich bin das Brot des Lebens" (Johannes 6, 35)

Bild: **„Das Brot des Lebens"**

Mit dem alltäglichen Bild des Brotes knüpft Jesus an die Erinnerung des Volkes Israels an den Auszug aus Ägypten und die Wüstenwanderung an. Gott liess sein Volk damals weder hungern noch dürsten. Als Speise erhielten sie Manna oder „Himmelsbrot" (2. Mose 16; Ps 78, 24). Wasser wurde ihnen aus dem Felsen gegeben (2. Mose 17, 1-7; 4. Mose 20, 2-17). Weitere alttestamentliche Hinweise hierzu findet man z.B. in Sprüche 9, 5 (*„Kommt esst von meinem Brot und trinkt von dem Wein, den ich gemischt habe"*) und – im Hinblick auf den Messias – in Jesaja 49, 10 (*„Sie werden weder hungern noch dürsten..."*). Das „Brot" umfasst hier also nicht nur das Grundnahrungsmittel, sondern auch das Wasser als lebensspendendes und lebenserhaltendes Element.

Heilsgeschichtlicher Nachsatz: **„Wer zu mir kommt, den wird nicht hungern; und wer an mich glaubt, den wird nimmermehr dürsten"**

Zwei klare Handlungsanweisungen werden hier gegeben: kommen und glauben. Wer nicht zu Jesus kommt, nicht aktiv Gemeinschaft mit ihm (und mit anderen Gläubigen) sucht und wer nicht an Christus glaubt (indem er ihn beim Wort nimmt), der wird geistlich verhungern und verdursten. Ein besonderes Augenmerk bei diesem Bild sollten wir Gläubige auf die Notwendigkeit des „Verzehrs" legen. Nur wer Christus in sich aufnimmt und „verdaut", wird dem „Brot des Lebens" die geistliche Substanz entnehmen, die notwendig ist zum Wachstum am inwendigen Menschen, zum Aufbau des Tempels, den Gott erbauen will und der ewigen Bestand haben wird (vgl. 2. Kor 5, 1).

Was bedeutet dieses „Ich bin" – Wort für uns heute?

Jesus ist lebensnotwendig. Wir sollen ihn, seine Lehre, sein Leben ganz in uns aufnehmen, uns täglich mit ihm beschäftigen. Kurzum: Wenn Jesus Christus unser Leben ausfüllen kann, haben wir ein erfülltes Leben. Das wird sich auch im Bekennen auswirken, denn *„wes das Herz voll ist, des geht der Mund über"* (Mt 12, 34; Lk 6, 45).

„Ich bin das Licht der Welt" (Johannes 8, 12)

Bild: **„Das Licht der Welt"**

Auch das alltägliche Bild des Lichtes knüpft an alt-testamentliche Hinweise an: *„Der Herr ist mein Licht und Heil, vor wem sollte ich mich fürchten"* (Ps 27, 1). Das „Licht der Welt" leuchtet dabei weit über den Erkenntnishorizont des jüdischen Volkes hinaus – Jesus Christus ist das Licht für alle Menschen, die an ihn glauben, die Lebenden und die Toten. Auch der Prophet Jesaja weist auf den Messias, den Gottesknecht hin: *„Ich der Herr, mache dich zum Bund für das Volk, zum Licht der Heiden, dass du die Augen der Blinden öffnen sollst und die Gefangenen aus dem Gefängnis führen und, die da sitzen in der Finsternis, aus dem Kerker"* (Jes 42, 6) und *„Ich habe dich zum Licht der Heiden gemacht"* (Jes 49, 6).

Heilsgeschichtlicher Nachsatz: **„Wer mir nachfolgt, der wird nicht wandeln in der Finsternis, sondern wird das Licht des Lebens haben"**

Die Nachfolge entscheidet. Man folgt Personen nach. Jesus Christus ist das personifizierte Licht: *„…in deinem* (des Sohnes) *Licht, sehen wir das*

Licht (den Vater)" (Ps 36, 10). Auch die personifizierte Finsternis hat einen Namen: Satan, der Teufel.

Was bedeutet dieses „Ich bin" – Wort für uns heute?

Jeder Mensch, der sich nicht wahrhaftig für das „Licht" (Jesus Christus) entscheidet und ihm nicht nachfolgt, entscheidet sich „automatisch" für die „Finsternis" (den Bösen). Selbstverständlich bedeutet die Nachfolge Jesu nicht, dass der Nachfolger dadurch ein sünd- und fehlerloses Leben zu führen im Stande ist. Echte Nachfolge Jesu beinhaltet aber auch die regelmässige Hinnahme der Sündenvergebung. Damit werden die Sünden „als Früchte der Finsternis" durch das Opfer Christi getilgt. Wer nachfolgt und „im Licht wandelt", setzt in seinem Leben ferner auch das Gebot der Nächstenliebe um: *„Wer seinen Bruder liebt, der bleibt im Licht, und durch ihn kommt niemand zu Fall. Wer aber seinen Bruder hasst, der ist in der Finsternis und wandelt in der Finsternis und weiss nicht, wo er hingeht; denn die Finsternis hat seine Augen verblendet"* (1. Joh 2, 10.11).

„Ich bin die Tür" (Johannes 10, 9)

Bild: „Die Tür"

Auch das Bild der Tür ist gegenständlich und jedermann bekannt. Jesus Christus ist die Tür für die Seinen, für die, welche sich ihm vorbehaltlos anbefehlen. Durch Türen gelangt man von einem Bereich in einen Anderen. Jesus ist die Türe vom Tod ins Leben, von der Sünde zur Erlösung, von der Trennung von Gott zur Gemeinschaft mit Gott.

Heilsgeschichtlicher Nachsatz: „Wenn jemand durch mich hineingeht, der wird selig werden"

Wer durch Jesus Christus, die Tür zur Wiedergeburt „hindurchgeht", wird selig, d.h. vom „zweiten Tod" (*Selig ist der und heilig, der teilhat an der ersten Auferstehung. Über diese hat der zweite Tod keine Macht…*"; Offb 20, 6) errettet werden und ewige Gemeinschaft mit Gott haben. Im Alten Testament kommt das Wort „selig" nur an zwei Stellen vor: (1. Mose 30, 13: *„Da sprach Lea: Wohl mir, denn mich werden selig preisen die Töchter"*, und in Hiob 5, 17: *„Siehe, selig ist der Mensch, den Gott zurechtweist; darum widersetze dich der Zucht des Allmächtigen nicht"*). Diese Bibelstellen und die zugrunde liegenden Geschehnisse zeigen, dass „Seligkeit" nicht a priori mit diesseitigem Glück gleichgesetzt werden darf. Die hier angesprochene Seligkeit ist Folge künftiger Errettung.

Was bedeutet dieses „Ich bin" – Wort für uns heute?

Jeder Mensch, der durch Jesus Christus, „die Tür zum ewigen Leben" hindurchgeht, wird selig werden. Die Seligkeit, von der Jesus spricht ist zu Lebzeiten oft eine Seligkeit, die er in den Seligpreisungen (Mt 5, 3-10) verkündet hat. Dem Gläubigen, der die „Türe Jesu" durchschritten hat, dienen auch Tage der Trübsal zur künftigen Seligkeit. Ihm bleibt der Trost, dass es nicht so bleibt. Darum sagte auch Paulus: *„Denn unsre Trübsal, die zeitlich und leicht ist, schafft eine ewige und über alle Massen gewichtige Herrlichkeit"* (2. Kor 4, 17).

„Ich bin der gute Hirte" (Johannes 10, 11)

Bild: „Der gute Hirte"

Wer denkt bei diesem Jesuwort nicht an den 23. Psalm *„Der Herr ist mein Hirte"* und die damit verbundene Provokation: Jesus Christus ist der Herr und mein Hirte! Jesus zeigt sich als der, den Jesaja (40, 11) angekündigt hat: *„Er wird seine Herde wei-*

den wie ein Hirte. Er wird die Lämmer in seinen Arm sammeln und im Bausch seines Gewandes tragen und die Mutterschafe führen".

Heilsgeschichtlicher Nachsatz: **„Der gute Hirte lässt sein Leben für die Schafe"**

Das macht den „Hirten" zum „guten Hirten", dass er sein Leben opfert! *„Niemand nimmt es (das Leben) von mir, sondern ich selber lasse es"*, sagt Jesus (Joh 10, 18). Freiwillig brachte Jesus Christus das Opfer am Kreuz zur Vergebung der Sünden – der gute Hirte wurde auch zu *„Gottes Lamm, das der Welt Sünde trägt"* (Joh 1, 29).

Was bedeutet dieses „Ich bin" – Wort für uns heute?

Jesus Christus charakterisiert „die Schafe seiner Herde" wie folgt: *„ Meine Schafe hören meine Stimme, und ich kenne sie, und sie folgen mir; und ich gebe ihnen das ewige Leben, und sie werden nimmermehr umkommen, und niemand wird sie aus meiner Hand reißen. Mein Vater, der mir sie gegeben hat, ist größer als alles, und niemand kann sie aus des Vaters Hand reißen"* (Joh 10, 27-29). In einem Lied heisst es: *„Dass wir die Heimat finden, ergriff uns seine Hand. Sonst ging es uns wie Blinden in einem fremden Land"*. An der Hand Gottes ist nur, wer die Hand von Jesus Christus festhält.

Ein Auftrag Jesu wird in diesem Zusammenhang heute gerne vergessen bzw. nicht mehr ernst genommen: *„Und ich habe noch andere Schafe, die sind nicht aus diesem Stall; auch sie muss ich herführen, und sie werden meine Stimme hören, und es wird eine Herde und ein Hirte werden"* (Joh 10, 16). Wer Jesu Lehre ernst nimmt, hat auch den Auftrag ernst zu nehmen, ihm „die Schafe aus anderen Ställen zuzuführen".

„Ich bin die Auferstehung und das Leben" (Johannes 11, 25)

Bild: „Die Auferstehung – das Leben"

Diese beiden Bilder sind abstrakt und damit nicht so leicht verständlich („Das Leben" wird unter 6.6. besprochen). Nur Jesus Christus konnte dieses Wort sagen, weil nur er auferstanden ist.

Heilsgeschichtlicher Nachsatz: **„Wer an mich glaubt, der wird leben, auch wenn er stirbt; und wer da lebt und glaubt an mich, der wird nimmermehr sterben"**

Ohne Glauben an Jesus Christus ist der Mensch rettungslos dem Tod verfallen: *„So ihr nicht glaubt, dass ich es sei, so werdet ihr sterben in euren Sün-*

den" (Joh 8, 24). Wer ihn aber annimmt, der hat das ewige Leben. Christus annehmen geschieht durch die Wiedergeburt aus Wasser und Geist und den würdigen Genuss des Heiligen Abendmahles: *„...so wird auch, wer mich isst, leben um meinetwillen"* (Joh 6, 57).

Was bedeutet dieses „Ich bin" – Wort für uns heute?

Vom englischen Schriftsteller Oscar Wilde stammt das Wort: *„Leben ist das Allerseltenste auf der Welt, die meisten Menschen existieren nur"*. Mit dem Wort *„Ich bin die Auferstehung und das Leben"* weist Jesus Christus darauf hin, dass nur **der** Mensch wirklich lebt, der in Christus lebt. Nur mit diesem Leben ist auch das Auferstehungsleben verbunden, das ewige Gemeinschaft mit Gott verheisst und ermöglicht. Allerdings kommt auch der Gläubige nicht ohne „Tod" aus. Ein Sinnspruch sagt: *„Wer nicht stirbt, bevor er stirbt, der verdirbt, wenn er stirbt"*. Je mehr wir Christus leben, desto mehr muss das eigene Ich, „der alte Adam", in uns sterben: *„Die aber Christus Jesus angehören, die haben ihr Fleisch gekreuzigt samt den Leidenschaften und Begierden"* (Gal 5, 24).

„Ich bin der Weg und die Wahrheit und das Leben" (Johannes 14, 6)

Bild: „Der Weg – die Wahrheit – das Leben"

Ist der „Weg" noch ein gegenständliches Bild, so sind die Begriffe „Wahrheit" und „Leben" abstrakt. Jesus kam vom Vater und ging zum Vater zurück (*„Ich bin vom Vater ausgegangen und in die Welt gekommen; ich verlasse die Welt wieder und gehe zum Vater"*; Joh 16, 28). Er allein kennt den Weg vom und zum Vater, darum ist er **der** (einzige) Weg.

Viele Menschen sagen mit Recht, dass an jeder Religion etwas Wahres sei. „Etwas" bezeichnet allerdings stets nur einen Teil des Ganzen. Jesus spricht von sich als **der** (allumfassenden) Wahrheit. Es gibt nur diese **eine** Wahrheit: *„Ich bin dazu geboren und in die Welt gekommen, dass ich die Wahrheit bezeugen soll"* (Joh 18, 37).

Christen erstreben das ewige Leben in der Gemeinschaft mit Gott. Dieses Leben ist nur dem möglich, der Jesus Christus aufnimmt. In seinem ersten Brief erläutert dies Apostel Johannes: *„Und das ist das Zeugnis, dass uns Gott das ewige Leben gegeben hat, und dieses Leben ist in seinem Sohn. Wer den Sohn hat, der hat das Leben; wer den Sohn Gottes nicht hat, der hat das Leben nicht"* (1. Joh 5, 11-12).

Heilsgeschichtlicher Nachsatz: **„Niemand kommt zum Vater denn durch mich"**

Weg, Wahrheit, Leben – das fasst Jesus im hohepriesterlichen Gebet in einem Satz zusammen: *„Das ist aber das ewige Leben, dass sie dich, der du allein wahrer Gott bist, und den du gesandt hast, Jesus Christus, erkennen"* (Joh 17, 3). Wer Jesus Christus erkennt, erkennt den Weg, den es zu gehen gilt, beschäftigt sich mit der Wahrheit und darf auf das ewige Leben in der Gemeinschaft mit Gott hoffen und vertrauen.

Was bedeutet dieses „Ich bin" – Wort für uns heute?

Der Weg muss gegangen, die Wahrheit geglaubt und das Leben empfangen werden. Die schönste Wegbeschreibung nützt nichts, wenn man den Weg nicht geht. Nur so kommt man ans Ziel. Der Weg ist schmal (Mt 7, 14). Leben muss empfangen werden, das zeigt die Natur. Ohne Zeugung und Empfängnis entsteht kein Leben. Das gilt auch für das Leben aus Gott, das allein durch die Wiedergeburt empfangen werden kann. Es gibt dorthin nur einen Weg. Christus hat ihn gelegt. Wer ihn im Glauben angenommen hat, wiedergeboren wurde aus Wasser und Geist, der kann diesen Weg gehen, indem er in Christus lebt und wandelt (vgl. Kol 2, 6), d.h. sich nach Jesu Lehre und Willen ausrichtet. Die einzige Wahrheit, die den Weg zum Vater erleuchtet, ist wiederum Christus selbst. Jesus Christus ist auch das Leben, das ewig bleibt und wer in ihm bleibt, lebt auch ewig (*„Denn der Sünde Sold ist der Tod; die Gabe Gottes aber ist das ewige Leben in Christus Jesus, unserm Herrn"*; Röm 6, 23).

„Ich bin der wahre Weinstock" (Johannes 15, 1)

Bild: **„Der Weinstock"**

Der Wein, eine in Israel verbreitete Pflanze ist im übertragenen Sinn ein Bild für geistliche Kräfte und Gaben. Jesus zeigt sich als „den wahren Weinstock", als den einzigen Geber göttlicher Kräfte und Gaben.

Heilsgeschichtlicher Nachsatz: **„Wer in mir bleibt und ich in ihm, der bringt viel Frucht; denn ohne mich könnt ihr nichts tun"**

Geniessbare Weintrauben können nur entstehen, wenn der Weinstock – der ganze Organismus – gesund ist und die Verbindungen stimmen. Die Frucht – im übertragenen Sinne die geistlichen Gaben und Kräfte, aber auch die Freude, die einem Menschen innewohnen – sind das Ergebnis der innigen Verbundenheit mit Jesus Christus. Anders können solche Gaben und Kräfte nicht entstehen.

Was bedeutet dieses „Ich bin" – Wort für uns heute?

Freude an Gott ist eine Grundvoraussetzung, damit uns die Kräfte zum Überwinden werden: „... *denn die Freude am HERRN ist eure Stärke"* (Neh 8, 10). Deshalb sollen wir nicht aufhören, uns in Christus, und damit in Gott, zu freuen (vgl. Phil 4, 4). Das Bild weist auch auf das Heilige Abendmahl hin, das wir mit Brot und Wein feiern: durch den Genuss von Brot und Wein, von Leib und Blut Christi bleiben wir in ihm und er in uns. Daraus werden uns die Kräfte zum Glauben, zum Überwinden, zur treuen Nachfolge. Aus dieser innigen Verbindung mit Christus entsteht die „Frucht des Geistes", die Paulus in Galater 5, 22.23 beschreibt: *„Die Frucht aber des Geistes ist Liebe, Freude, Friede, Geduld, Freundlichkeit, Güte, Treue, Sanftmut, Keuschheit"* und *„die Frucht des Lichts ist lauter Güte und Gerechtigkeit und Wahrheit"* (Eph 5, 9). Frucht beinhaltet Samen zur Entwicklung weiterer Früchte. Aus der Verbindung mit Jesus Christus sind Leben, Wachstum und Vermehrung gegeben, oder mit anderen Worten: ein erfülltes seelisches Leben mit einer gewaltigen Zukunft in ewiger Gemeinschaft mit Gott.

SCHLUSSGEDANKEN

„Ich bin der Erste und der Letzte und der Lebendige. Ich war tot, und siehe, ich bin lebendig von Ewigkeit zu Ewigkeit und habe die Schlüssel des Todes und der Hölle" (Offb 1, 17). Für den Christen ist Jesus Christus gleichsam „die Klammer", welche das ganze Erlösungswerk Gottes umfasst. Er *„kam auf diese Erde, um verlorene Menschen zu retten. Verloren ist jeder, der von Gott getrennt ist – und getrennt von Gott ist jeder durch den Sündenfall der Menschheit und durch seine eigenen Sünden"*[50].

Mit den „Ich bin" - Worten und den zugehörigen heilsgeschichtlichen Nachsätzen hat Jesus Christus seinen Nachfolgern eine umfassende Anweisung gegeben, wie sie mit ihm und durch ihn aus Gnaden die Würdigkeit schaffen können, um angenommen zu werden, wenn er wiederkommt.

Nicht von ungefähr sind es sieben „Ich bin" - Worte, die Jesus mit einem heilsgeschichtlichen Nachsatz verbunden hat. In der Heiligen Schrift bedeutet die Zahl Sieben „Vollmass der Vollendung", „göttliche Vollkommenheit"[51]: Alles was siebenmal geschieht oder siebenfältig ist, gilt als vollendet und damit als abgeschlossen. Wir tun deshalb gut daran, unser Leben an den sieben „Ich bin" - Worten Jesu Christi

---

[50] Friedhold Vogel: „Ich bin – Was Jesus über sich selber sagte", Holzgerlingen: Hänssler, 2005, Seite 157

[51] Heinrich Langenberg: „Die prophetische Bildsprache der Apokalypse", Metzingen: Franz, 3. Aufl., 1999, Seite 202.

im Johannesevangelium auszurichten. Wer so handelt, kann mit Paulus sagen: „*...und ich bin darin guter Zuversicht, dass der in euch angefangen hat das gute Werk, der wird's auch vollenden bis an den Tag Christi Jesu*" (Phil 1, 6).

Jürg Meier

BIBLIOGRAPHIE

Auer, Johann, Ratzinger, Josef (1970), Kleine Katholische Dogmatik, Band V, Das Evangelium der Gnade, Regensburg: Friedrich Pustet, 264 Seiten

Bischoff, Friedrich (1981), Einsichten und Erfahrungen, Band 1, Frankfurt/Main: Bischoff, 276 Seiten

Blocher, Gerhard (1998), Gottes Lachen im Leichenzug der Kirche, Schaffhausen: Meier, 345 Seiten

Bradford, Ernle (1979), Die Reisen des Paulus, München: dtv, 261 Seiten

Büchner, Gottfried (1904), Biblische Real- und Verbal-Handkonkordanz, 29. Aufl., Leipzig: Ferdinand Riehm, 1145 Seiten

Burckhardt, Helmut (2000), Was glaubt eigentlich ein Christ? Bettingen: Winteler, 64 Seiten

Coenen, Lothar, Hrsg (1993): Theologisches Begriffslexikon zum Neuen Testament, Brockhaus 1993, Seiten

Frend, William H.C., Wolter, Michael, Engelbert, Pius, Wagner, Falk, Hollenweger, Walter J., Gensichen, Hans-Werner(1980), Art. Bekehrung, In: Theologische Realenzyklopädie Band 5, Berlin: Walter de Gruyter, 805 Seiten

Fruchtenbaum, Arnold G. (1996), Jesus war ein Jude, Zürich: Das Haus der Bibel, 160 Seiten

Gäbler, Ulrich (1991), Auferstehungszeit – Erweckungsprediger des 19. Jahrhunderts. München: C.H. Beck, 206 Seiten

Green, Michael (2004), Führen alle Wege zu Gott? – Ein Wegweiser durch den Religions-Dschungel, Asslar: Schulte und Gerth, 124 Seiten

Hauss, Friedrich (1999), Biblische Begriffe – Stichwortkonkordanz, 11. Aufl., Holzgerlingen: Hänssler, 234 Seiten

Langenberg, Heinrich (1999): Die prophetische Bildsprache der Apokalypse – Erklärung sämtlicher Bilder der Offenbarung. Metzingen: Franz, 3. Auflage, 300 Seiten

Lewis, Clive S. (1977), Pardon, ich bin Christ, Giessen: Brunnen, 198 Seiten

Lewis, Clive S. (1994), Überrascht von Freude, Giessen: Brunnen, 285 Seiten

Luther, Ralf (2003), Neutestamentliches Wörterbuch, 2. Aufl., Metzingen: Ernst Franz, 298 Seiten

Neval, Daniel A., (2006), Die Macht Gottes zum Heil – Das Bibelverständnis von Johann Amos Comenius in einer Zeit der Krise und des Umbruchs, Zürcher Beiträge zur Reformationsgeschichte, Zürich: Theologischer Verlag, 604 Seiten

Ratzinger, Josef (1993), Wesen und Auftrag der Theologie, Freiburg: Johannes, 116 Seiten

Ratzinger, Josef (2005), Einführung in das Christentum, 5. Aufl., München: Kösel, 366 Seiten

Ratzinger, Josef (2007), Jesus von Nazareth, Freiburg: Herder, 448 Seiten

Röseler, Manfred (1989), Bibelgrundkurs, Teil 1 und 2, Bibelfernunterricht e.V. Worms, 128 bzw. 142 Seiten

Sierszyn, Armin (2005), 2000 Jahre Kirchengeschichte, Band 1: Von den Anfängen bis zum Untergang des Weströmischen Reiches, Holzgerlingen: Hänssler, 356 Seiten

Stegemann, Ekkehard, W., Stegemann, Wolfgang (1995), Urchristliche Sozialgeschichte – Die Anfänge im Judentum und die Christusgemeinden in der mediterranen Welt, Stuttgart: W. Kohlhammer, 416 Seiten

Vogel, Friedhold (2005), Ich bin – Was Jesus über sich selber sagte, Holzgerlingen: Hänssler, 192 Seiten

Winkelmann, Friedhelm (1996), Geschichte des frühen Christentums, München: C.H. Beck, 126 Seiten

Jürg Meier

DER AUTOR

Jürg Meier ist seit 1974 ehrenamtlicher Seelsorger in der Neuapostolischen Kirche. Etliche Jahre wirkte er in der Fremdsprachenmission. Von Mai 1989 bis Anfang 1997 war er Vorsteher der Kirchgemeinde Oberwil BL. Anschliessend war er bis Ende 2008 Bezirksjugendleiter in Basel. In dieser Zeit wirkte er auch als Projektmanager in der Projektgruppe Jugendpflege der Neuapostolischen Kirche International. Diese war von der Kirchenleitung damit beauftragt, ein globales Konzept für die Betreuung Jugendlicher in der Neuapostolischen Kirche auszuarbeiten. Von 1997 bis 2009 war er zudem Betreuungsleiter der Betreuungsgruppe Jugend in der Gebietskirche Schweiz. In 50 Missionsreisen nach Gibraltar und 50 Missionsreisen in die Ukraine arbeitete er beim Aufbau dortiger Gemeinden mit. Seit August 2002 ist er Mitglied der Bezirksleitung, seit Juni 2010 Bezirksvorsteher im Kirchenbezirk Basel (www.bezirkbasel.nak.ch), der seit Herbst 2010 Gastmitglied mit Beobachterstatus bei den Arbeitsgemeinschaften christlicher Kirchen in den Kantonen Baselland und Baselstadt ist.

Jürg Meier ist verheiratet und Vater von zwei Töchtern und zwei Söhnen. Noëmi Sarah verunfallte im September 1991 auf dem Heimweg vom Kindergarten und erlag neun Tage später ihren schweren Verletzungen.

Der promovierte Biologe war Geschäftsführer eines mittelständischen Unternehmens und ist heute selbständiger Unternehmer und Inhaber der JUMEBA (Ausbildung, Beratung, Führung und Dokumentierung von Unternehmen, www.jumeba.ch)

Er ist nebenamtlich Professor für Zoologie an der Philosophisch-Naturwissenschaftlichen Fakultät und Lehrbeauftragter für Qualitätsmanagement an der Betriebswirtschaftlichen Fakultät der Universität Basel.

WEITERE BÜCHER VON JÜRG MEIER

Bücher mit biologischem Inhalt

Meier, J., White, J., Hrsg. (1995): Handbook of Clinical Toxicology of Animal Venoms and Poisons, Boca Raton: CRC Press, 752 Seiten, ISBN 0-8493-4489-1

Meier, Jürg (2002): Faszinierende Gifttiere, Norderstedt: Books on Demand, 215 Seiten, ISBN 978-3034400176

Meier, Jürg (2009): Handbuch Zoo – Moderne Tiergartenbiologie, Bern: Haupt, 232 Seiten, ISBN 978-3258074481

Bücher mit betriebswirtschaftlichem Inhalt

Meier, Jürg (2004): Erfolgreiche Führungsgespräche - Gesprächstechniken für Führungskräfte, Offenbach: Gabal, 2. Aufl., 194 Seiten, ISBN 978-3897494640

Meier, Jürg (2007): Chefsache Qualitätsmanagement – Was Sie als Führungskraft über Qualitätsmanagement wissen müssen, Norderstedt: Books on Demand, 220 Seiten, ISBN 978-3833463259

Meier, Jürg (2008): Das 1 x 1 des Qualitätsmanagements – Führung und Qualität nach ISO 9001:2008, Wien: Austrian Standards Plus, 112 Seiten, ISBN 978-3854021896

Bücher mit theologischem Inhalt

Meier, Jürg (2010): Brennpunkte, Norderstedt: Books on Demand, 164 Seiten, ISBN 978-3-8391-3873-1.

Gerne empfehle ich an dieser Stelle allen, die die Bibel gründlich kennenlernen und systematisch studieren wollen die Theologische Fernschule BFU:

 **BFU** THEOLOGISCHE FERNSCHULE E.V.

Die Theologische Fernschule e.V. wurde 1971 gegründet. Sie arbeitet überkonfessionell und hat ihren Sitz in Worms. Angehende Missionare und Mitarbeiter in Gemeinden, die aus familiären oder beruflichen Gründen kein Bibelseminar besuchen konnten, sollen die Möglichkeit einer theologischen Ausbildung zuhause erhalten. Hunderte haben inzwischen beim BFU studiert und arbeiten heute hauptberuflich im In- und Ausland oder setzen ihr Wissen nebenberuflich in ihrer Kirche ein.

Die Theologische Fernschule ist Mitglied im Forum DistancE-learning, dem Fachverband für Fernlernen und Lernmedien e.V. und kooperiert mit vielen anderen theologischen Ausbildungsstätten in Europa. Das ermöglicht sowohl die gegenseitige Anerkennung von absolvierten Studieneinheiten als auch den problemlosen Wechsel an eine weiterführende Schule oder Hochschule. Autoren der Fernkurse, Mentoren, Dozenten und die Schulleitung gehören verschiedenen Kirchen und Freikirchen an. Die geistliche Ausrichtung orientiert sich an der Glaubensbasis der Europäischen Evangelischen Allianz.

Weitere Informationen finden Sie auf der Homepage: www.bfu-online.org

Jürg Meier